Der Wahnsinn an meiner Seite

Herstellung und Verlag:
BoD – Books on Demand, Norderstedt
ISBN: 978-3-7386-5776-0

Vorwort:

Ich habe mir noch einmal Gedanken gemacht, was in dieser Zeit vorgefallen war, mit Brigitte und Sabine. Es gab viele Ereignisse, die nicht so waren, wie sie eigentlich sein sollten. Ich hatte mich oft gefragt, was hätte ich besser machen können, wie wäre idealer gewesen? Warum hatte ich das falsch gemacht? Was war mit dem Bezirkskrankenhaus, den Therapien, warum war alles so gekommen? Wieso hatte ich das übersehen? Was hätte ich anders tun können? Diese Fragen stellte ich mir immer und immer wieder und daraufhin bin noch einmal alles durchgegangen, Punkt für Punkt. Was ich dabei analysiert habe, das berichte ich.

Ich werde über das Bezirkskrankenhaus, den Ärzten und Psychologen, Psychiater, berichten, die meine Frau behandelt hatten, über die einzelnen Therapien, den Tagesstätten so wie ich es jetzt sehe, bestimmt heute mit anderen Augen, als damals. Über meine Familie und den Streitigkeiten, von denen ich eigentlich Hilfe gebraucht hätte.

Wie es meiner Ex-Frau jetzt geht und was alles in der Zwischenzeit vorgefallen war. Wie es mir dabei erging und was ich daraus gelernt hatte. Was meine Ex-Frau jetzt denkt und was sie mir vor kurzer Zeit erzählt hatte.

Danach analysiere ich noch die schlimme Zeit mit meiner Ex-Freundin Sabine. Was ich mit ihr jetzt tun würde und ich damals übersehen hatte?

Warum ich es doch noch geschafft hatte, ein ruhigeres Leben zu führen, genauso, wie ich es mir gewünscht hatte.

Peter Fischer

Der Wahnsinn an meiner Seite

Die Analyse

Band 3

Lektorat bei Elfriede Denk

Wenn es keine psychisch-kranken Menschen gäbe, wüssten wir nicht, dass wir normal wären.

Peter Fischer

Kapitel 1
Bezirkskrankenhaus

Das Bezirkskrankenhaus ist wahrlich kein schönes Krankenhaus, aber welches BKH ist schon schön. Patienten die einen stationären Aufenthalt hatten, besonders in der geschlossenen Station, kommen leider viele bipolar Erkrankte in regelmäßigen Abständen zurück. Darum ist es kein Wunder, dass sich die Patienten untereinander schon lange kennen und einige befreundet sind, sie bilden Gruppen und treffen sich regelmäßig außerhalb des Krankenhauses. Wenn man täglich als Angehöriger über eine längere Zeit, wie ich aus und eingegangen war, fällt jedem auf, die Frau oder den Herrn habe ich irgendwo schon mal gesehen, klar den hatte ich doch schon vor einem halben Jahr in der Geschlossenen gesehen. Die Patienten kommen aus allen Gesellschaftsschichten, von der Reinigungskraft bis zum Professor, alles ist vorhanden, Arm oder Reich, die Psyche kennt keine Gnade und dieses Krankenhaus lässt manchen ein Leben lang nicht mehr los.

Bei den Angehörigen, die ich öfters sah, war es so, dass man irgendwann miteinander geredet hatte, um die guten und schlechten Erfahrungen von diesem Krankenhaus auszutauschen. Meistens gab es nur Schlechtes zu berichten. Es gab so viele Themen, mit denen man sich austauschen konnte, über bestimmte Ärzte, Psychiater, Psychologen, Schwestern, Pfleger, Therapien, Tabletten, Tagesklinik, Ambulanz, Patienten, Psychotherapie, offene Abteilung, geschlossene Abteilung usw. Es gab immer etwas zu besprechen. Keiner war mit seiner Situation und der Behandlung zufrieden, besonderes, wenn sie in regelmäßigen Abständen das BKH besuchen mussten.

Ich hatte immer den Eindruck, dass der Angehörige genauso gefangen war, von diesem Krankenhaus, wie sein Patient. Als Angehöriger braucht man verdammt viel Zeit, um alles richtig zu machen, besonders dem Arzt, aber oft geht es nicht. Besonders wenn die Patienten Ausgang bekommen, sollte man jeden Tag da sein, um den Patienten auszuführen und wieder zurückzubringen, viele Arztgespräche führen, mit den Patienten viele Therapien durchführen, einen Einkaufsbummel oder einen Ausflug mit ihnen machen, was für eine Therapie dem gewissen Arzt einfällt, sie bestimmen fast immer die Freizeit.

Oft hatte ich den Eindruck, dass in dem Krankenhaus die Ärzte kommen und gehen, trotzdem kennt man nach so langer Zeit die meisten Ärzte. Mit manchen kommt man klar und mit manchen nicht. Einmal hatte ich den Oberarzt aufgesucht, weil der behandelnde Arzt von meiner Frau die verordnete Tablettenumstellung nach ein paar Wochen Krankenhausaufenthalt noch nicht begonnen hatte und deswegen ging es ihr noch sehr schlecht. Der Oberarzt war sehr gut und hatte sich der Sache angenommen, ob er heute noch dort arbeitet, weiß ich nicht, der behandelnde Arzt mit seiner Freundin musste sich dafür verabschieden. Oft hatte ich den Eindruck, dass die Ärzte genauso wenig Rat wussten, als ich, sie waren nur gut darin, irgendwelche Tabletten zu verordnen, Therapien verschreiben und lange Gespräche mit dem Patienten und Angehörigen zu führen. Den Patienten erst mit Tabletten ruhig stellen, da waren sie alle gleich, dann hatten sie ein Problem weniger.

Die Patienten laufen vollgedröhnt, als wären sie Zombies die ersten Wochen herum. Ich hatte den Eindruck, dass psychisch-kranke Patienten oft nur Versuchskaninchen waren, um die Psychopharmaka zu testen: „Helfen die Tabletten, ist es gut, wenn nicht dann nehmen wir eben andere Tabletten oder von dieser Dosis ein wenig mehr und von der anderen ein bisschen weniger. Sind sie einigermaßen mit Tabletten eingestellt, dann werden sie schnell entlassen und werden zur Ambulanz und in die Tagesklinik verschoben, geht es schief, dann hat der Angehörige den Ärger und das ganze Theater beginnt von vorne."

Dass es Patienten gibt, die sich gut zu verstellen wissen, das habe ich leider zu oft erlebt, sie werden zu schnell entlassen und sie hatten, den nächsten Selbstmordversuch schon lange in der Klinik geplant. Die Ärzte haben sich von ihren eigenen Patienten um den Finger wickeln lassen. Der Angehörige hat daraufhin den Ärger.

In der offenen Abteilung ist es viel lockerer, als in der geschlossenen Station, die Patienten können sich frei bewegen und etwas unternehmen, sie haben keine Einschränkungen, was sie mit auf das Zimmer nehmen können, sie haben meist mehr Ausgang und der Aufenthalt ist wesentlich kürzer. Aber passiert etwas, ist eine offene Station schnell in eine geschlossene Abteilung verwandelt.

Das Beste ist, man bekommt dieses Krankenhaus nie zu sehen und muss es nie betreten. Ich will nicht damit sagen, dass sich die Ärzte keine Mühe gaben, aber ich habe den Eindruck, sie hatten keine großen Möglichkeiten ihnen zu helfen, außer ein paar Tabletten zu geben, Therapien anzuordnen und dann warten bis es ihnen besser geht. Viele Räumlichkeiten für gewisse Therapien waren vorhanden, außerdem hatte es noch einen Sportplatz und ein schönes großes Hallenbad. Wenn der Patient nicht mitmacht und die Tabletten nicht ansprachen, dann war ein langer Krankenhausaufenthalt einzuplanen und vielleicht nach der Entlassung der Nächste und noch viele weitere. Besonders lange wird der Aufenthalt, wenn der Patient mit der Polizei eingewiesen wurde oder sogar von der Staatsanwaltschaft, dann konnte es schon ein halbes Jahr oder noch länger werden und das in der Geschlossenen.

Oft kommt der Patient aus diesem Kreislauf nie mehr heraus und der Angehörige somit auch nicht. Aber man ist nicht alleine, so viele Patienten und Angehörige kommen und gehen regelmäßig. Ich möchte behaupten, es ist eine große Leidensgemeinschafft und man kennt sich.

Leider kann man sich dieses Krankenhaus nicht heraussuchen, es gibt kein anderes, auch wenn ich es gewollt hätte, weil ich aus verschiedenen Gründen nicht zufrieden war, in diesem Fall waren mir die Hände gebunden. Es gab und es wird heute keine andere Möglichkeit geben, der Patient wird automatisch in das Bezirkskrankenhaus eingeliefert. Es wächst auch jährlich, immer wieder werden neue Häuser und Abteilungen dazu gebaut. Es werden Drogen und Alkoholsüchtige aufgenommen, Demenzkranke, alle psychische Krankheiten. Dieses Bezirkskrankenhaus ist zu einem kleinen Dorf gewachsen und hoffentlich werde ich es nie mehr von innen sehen. Bestimmt hat sich einiges geändert, ich hoffe für alle, zum Positiven?

Kapitel 2
Die Geschlossene

Die geschlossene Abteilung war die zweite Heimat meiner Ex-Frau, die furchtbarste Station vom gesamten Bezirkskrankenhaus. Vielleicht wurde Sabine dort auch öfters stationär aufgenommen, ich könnte es mir gut vorstellen. Dass diese Station noch schlimmer war, als ein Gefängnis, da brauchte man keine große Vorstellungskraft, sie hatte keine offene Tür, in der man einfach durchgehen konnte und in der Freiheit war. Keiner der Patienten konnte die Geschlossene ohne Zustimmung vom Arzt verlassen, sie war für Brigitte eine große Gefängniszelle. Aber oft kam es mir so vor, als wenn Brigitte dort Schutz suchte, um sich vor sich selbst zu schützen, damit sie sich nicht schwere Verletzungen zufügen konnte.

Oft nach einem längeren Aufenthalt in der geschlossenen Station wurde sie dann auf eine offene Station verlegt. Hier konnte sie sich frei bewegen und bekam daraufhin meistens einen längeren Ausgang. Es gab aber auch Ärzte, die behielten ihre Patienten in der geschlossenen Station, bis sie entlassen wurden.

Schon die Eingangstüre mit ihrer Schleuse, war erschreckend. Der Besucher musste klingeln, dann fragte eine Schwester durch eine Gegensprechanlage: „Wer sie sind und wen sie besuchen wollen." Nicht jeder Besucher durfte so ohne weiteres die geschlossene Station betreten. Kurz darauf kam die Schwester und sperrte auf und ließ den Besucher in die Schleuse. Danach wurden die Taschen durchsucht, es gab eine große Liste, was ein Besucher nicht mitbringen durfte, wie Glasflaschen, Gürtel, Kabel, Handy, Schal, war doch etwas Unerlaubtes dabei, wurde es in der Schleuse aufbewahrt. Als nächstes wurde die zweite Türe aufgeschlossen, endlich konnte man die furchtbare Abteilung betreten. Ich dachte mir oft: „Ich könnte mich nie daran gewöhnen, einen Tag und eine Nacht dort zu verbringen." Ich brachte hauptsächlich Zigaretten und etwas Süßes für Brigitte mit. Es gab in der Geschlossenen keine Einzelzimmer, auch nicht für Privatpatienten, soviel ich weiß, wurde das aus Sicherheitsgründen so gehandhabt, die Patienten konnten sich somit gegenseitig beaufsichtigen. Die frisch aufgenommenen Patienten wurden in ein großes Mehrbettzimmer untergebracht, das vom Schwesternzimmer aus durch eine Glasscheibe beobachtet werden konnte. Dort waren immer mindestens fünf bis sechs Betten gestanden, nur in diesem Zimmer oder vor dem Schwesternzimmer wurden die Patienten, wenn es sein musste fixiert.

Was mir nicht so gefiel, es verschwanden sehr viele Sachen in der geschlossenen Station, oft waren ihre Zigaretten verschwunden. Hatte sie schöne Klamotten dabei, wurden sie oft gestohlen. Sie konnten natürlich ihre Zimmer nicht absperren und was war, dann schlichen sich andere Patienten schnell in die Zimmer und für immer waren die begehrten Sachen verschwunden. Natürlich, was ich schon in Band 1 beschrieben hatte, man konnte nichts liegen lassen, nicht einmal eine Packung Zigaretten im Raucherraum, sie waren mit Sicherheit weg. Darum brachte ich Brigitte jeden Tag nur so viel mit, als sie benötigte, somit war ich gezwungen, jeden Tag im BKH zu erscheinen.

Für einen Angehörigen ist diese Station ein Albtraum, ich konnte mich nie daran gewöhnen, dort ein und auszugehen, mir grauste es davor. Was ich oft dort hörte, sah und erlebte, kann man nicht beschreiben, es war ein richtiger Psychothriller. Ich bekam immer ein komisches Gefühl, wenn ich auf die Schleuse dieser Station zuging und fragte mich: „Was kommt heute wieder auf mich zu?" Alles was ich in dieser Abteilung erlebt habe, ist ungewöhnlich. Inmitten der Abteilung war ein großer Raucherraum, dort spielte sich das meiste ab, hier war der Treffpunkt aller Patienten, fast alle in der Geschlossenen rauchten. Ich vermute, aber weiß es nicht: „Die Patienten können die Station nicht verlassen, deswegen wird es in der Geschlossenen mit Sicherheit noch einen Raucherraum geben?"

Es war nicht nur ein Raucherraum vorhanden, sie hatten einen Fernsehraum und einen weiteren Aufenthaltsraum, hier konnten sie, Mensch ärgere dich nicht oder andere Gesellschaftsspiele spielen. Auch ein kleiner Garten war vorhanden, wenn die Pfleger Zeit hatten, oder schönes Wetter war, dann durften die Patienten mit ihrem Besuch für eine kurze Zeit hinaus, für mich war das ein kleiner Gefängnishof, man konnte nur eine kleine Runde laufen oder sich auf eine Parkbank setzen, aber sie konnten immer hin, einmal an die frische Luft. Denn die Luft in dieser Abteilung war stickig. Sie konnten kein Fenster öffnen, keine Tür konnten sie öffnen. Diese Patienten waren wie Verbrecher eingesperrt und sind es sehr wahrscheinlich heute noch.

In dieser Abteilung lernte ich viele Patienten kennen, von Arm und Reich, jeder Beruf bis zum Professor, verschiedene Glaubensgemeinschaften, hübsch oder hässlich, Mann oder Frau, nichts machte vor dieser Station halt. „Wer glaubt, ich bin klug, mir kann das nicht passieren, der täuscht sich, das Leben kann seltsame Wege gehen und man betritt das BKH nicht als Besucher, sondern als Patient."

Ich hörte von den Patienten und Ärzten die tollsten Geschichten: „Ein Junge hatte studiert und hatte Drogen genommen, damit er einen besseren Notendurchschnitt bekam, aber er konsumierte dann immer mehr und bekam daraufhin eine Psychose. Eine junge, hübsche Frau wurde vergewaltigt und landete danach in der Geschlossenen, weil ihr Mann damit nicht fertig geworden war und daraufhin seine Frau verlassen hatte." Eine andere Geschichte: „Eine Frau wurde blind, weil sie zusehen musste, dass ihr Mann laufend fremdging, sie konnte das nicht mehr ertragen." Ein netter Junge hatte mir erzählte: „Er musste studieren, weil seine Eltern das so wollten, er musste zu jeder Zeit lernen, hatte nie Zeit für Freunde. Er kannte nichts anderes, als nur lernen, irgendwann drehte er durch und landete somit in der Geschlossenen. Er verstand die Welt nicht mehr, er viel in ein tiefes Loch." Ich will wieder damit sagen: „Man soll nie sagen, die sind blöd, dass kann mir nie passieren, ein unvorhergesehenes Ereignis, kann das gesamte Leben auf den Kopf stellen. Die Menschen sind krank, deswegen können sie trotzdem sehr intelligent sein und sind sehr nette Menschen, sie benötigen Hilfe und werden in der Geschlossenen beschützt."

Bei aggressiven, manisch erkrankten, wie bei Sabine, könnte das etwas anderes sein, sie wurden meist eingesperrt und fixiert, damit sie anderen nichts anhaben konnten und wurden oft mit der Polizei eingewiesen. Was in so einem Fall, daraufhin ein sehr langer Aufenthalt wurde, diese Patienten bekamen dann eine Betreuung und einen Sozialarbeiter, der sich um alle schriftlichen Angelegenheiten kümmerte. Alles Schriftliche wurde für die Patienten gemacht, ich konnte in dieser Hinsicht nichts nachsagen, sie wurden auch in so einem Fall nie im Stich gelassen, es wurde immer eine Hilfe angeboten. Aber keine große Hilfe für Angehörige, außer einem Sozialberater, er hatte mir ein paar Mal geholfen.

Alles lief nach einem genauen Zeitplan ab, Frühstücken, Tabletten einnehmen, Arztvisite, Arztgespräch, Mittagessen, Tabletten einnehmen, 15 Uhr Kaffeetrinken mit einem Kuchen, der Kaffee war bestimmt Coffein frei. Dann war Besuchszeit, ab 15 Uhr, um 18 Uhr war Abendessen. Gleich danach mussten die Patienten ihre Tabletten einnehmen, hintereinander standen die Patienten vor dem Stationszimmer und die Pfleger gaben nach einer Liste die Tabletten aus und sie warteten, bis jeder einzelne Patient seine Tabletten oder Tropfen eingenommen hatte. Die Pfleger beobachteten ganz genau, ob die Tabletten wirklich geschluckt wurden, keiner konnte tricksen, dann durften die Patienten erst gehen. Keiner schaffte es die Tabletten nicht einzunehmen oder später wieder auszuspucken. Ich konnte das sehr oft beobachten. Um 20 Uhr war dann die Besuchszeit vorbei.

Wer möchte da, eine lange Zeit eingesperrt sein, ich glaube niemand? Ich kenne ein paar Leute, die könnten nicht einmal ein paar Tage auf ihr Handy verzichten, nämlich das dürfen sie in der Geschlossenen nicht mitnehmen, auf einer offenen Abteilung natürlich schon. Sie haben nur ein Münztelefon, dass sie benutzen dürfen, das ist alles.

Was mich oft störte, dass ich öfter bei den Schwestern und Pflegern ansprach, meine Frau machte in dieser Zeit überhaupt keine Körperpflege. Sie machte, dass nur, wenn das befohlen wurde. Ich verstand es, sie war total mit Tabletten vollgedröhnt, deswegen störte es ihr überhaupt nicht, wenn sie nicht gewaschen war und keine Zähne geputzt hatte. Sie saß nur im Raucherraum und rauchte eine Zigarette nach der anderen, auch mit dieser Angelegenheit wäre es gut gewesen, wenn sie ihr die Zigaretten, etwas reduziert hätten. Die Patienten hatten keine andere Beschäftigung, als zu rauchen und in die Glotze zu schauen, außer sie hatten von ihrem Arzt eine Therapie aufgeschrieben bekommen.

Den Pflegern und Schwestern war es scheißegal, was die Patienten in diesem Sinne machten, ungekämmt, nach Schweiß stinkend und die Zähne nicht geputzt, ließ man die Patienten den ganzen Tag verbringen. Hier wäre wirklich mehr Verantwortungsgefühl dem Patienten gegenüber angebracht gewesen. Ich hatte es öfters den Schwestern gesagt und sie meinten, sie werden sich darum kümmern, aber nichts war geschehen. Ich weiß nicht, wie es in anderen geschlossenen Anstalten oder Bezirkskrankenhäuser war, ob es da besser war, ob sich die Schwestern mehr um die Patienten kümmern, ich glaube nicht. Wollte ich mich beim

Arzt beschweren, musste ich mich erst anstellen und warten. Das wussten die Schwestern und irgendwann wurde mir das zu blöd, erreicht hatte ich gar nichts, wenn ich Glück hatte, war es ein paar Tage besser und kurz darauf war alles wieder beim Alten.

 Genauso verstand ich nicht, wenn zum Beispiel, eine Jeans oder Uhr wegkam, das kümmerte sie überhaupt nicht, in einer geschlossenen Abteilung kann sich der Gegenstand doch nicht in Luft auflösen. Sie sagten nur zu mir: „Da müsse halt meine Frau darauf besser aufpassen." Gewiss hatten sie Recht, aber wenn sie mit Tabletten vollgepumpt war, konnte sie nichts mehr beaufsichtigen. Meine Meinung war, sie kennen ihre Patienten ganz genau und haben bestimmt eine Ahnung wer so etwas tun könnte. Aber sie wollten nach Möglichkeit nur jedem Ärger aus dem Weg gehen.

 Ich hatte dort sehr viel erlebt, was wahrlich keine schönen Ereignisse waren, mehrere Patienten hatten versucht sich das Leben zu nehmen oder hatten plötzlich durchgedreht und sind auf andere Patienten oder Pfleger losgegangen oder hatten sich einfach selbst verletzt. Sie wurden dann ans Bett gefesselt, das heißt fixiert. Das hatte ich leider bei meiner Frau öfters mitansehen müssen. Meistens kam das bei einer Tablettenumstellung vor. Ich konnte das nicht ertragen, meine Frau so ans Bett gefesselt zu sehen. Sie sah in dieser Zeit ganz anders aus, als sonst, sie war ganz entstellt von den starken Tabletten, die sie eingenommen hatte. Danach hatte ich meistens, ein sehr langes Arztgespräch, das Hoffnung machte und meistens doch nichts brachte, als eine neue Tablettenumstellung, das hieß ein langer Aufenthalt in der Geschlossenen stand bevor, die alten Tabletten wurden erst abgebaut und die Neuen wurden Zeitgleich aufgebaut, bis der Tablettenspiegel stimmte und es ihr besser ging.

Immer wieder schöpfte man Hoffnung und immer wieder wurde man enttäuscht, wenn es dem Patienten nicht besser ging, als versprochen wurde. Beim Entlassen wurde dann oft gesagt: „Wenn die Tabletten weiter genommen werden, wird es sich noch richtig einpendeln, der Tablettenspiegel ist noch nicht konstant eingestellt, vielleicht muss man noch ein bisschen nachjustieren, das kommt öfters vor." Es war der nächste BKH Aufenthalt vorprogrammiert und ihre Freiheit dauerte nicht sehr lange. Ich konnte nie verstehen, warum meine Frau nie richtig mit den Tabletten eingestellt wurde, sie wurde ganz selten richtig eingestellt entlassen und wenn nicht, dann war der nächste große Ärger wieder vorprogrammiert.

Das habe ich dem BKH vorzuwerfen, das einfach oft viel zu schnell entlassen wurde, egal wie es ihr ging. Auch wenn ich dem Arzt gesagt hatte: „Meiner Frau geht es noch nicht so gut, sie kann nicht in diesem Zustand entlassen werden." Genau das Gleiche hörte ich auch, von anderen Angehörigen, aber wir konnten leider nichts ändern, nur hoffen, dass es irgendwann einmal besser werden würde.

Ich habe große Achtung vor den Leuten die in diesen geschlossenen Stationen arbeiten, obwohl ich dort eine verdammt lange Zeit, ein und ausgegangen war, ich könnte dort nicht arbeiten, ich würde das nicht lange durchhalten. Ich wäre dann bestimmt auch ein Patient in diesem Krankenhaus, in der Geschlossenen?

Gerade in den dunklen Jahreszeiten waren diese Abteilungen überfüllt und ich hatte den Eindruck, dass es jedes Jahr mehr Patienten werden. Das BKH baut immer wieder neue Gebäude dazu, geschlossene und offene Stationen. Werden immer mehr Menschen psychisch-krank?

Ich hatte in der geschlossenen Station nichts erreichen können und das wussten die Beschäftigten, egal was ich versuchte, das prallte an ihnen alles ab und es war nach ein paar Tagen wieder alles beim Alten, wenn es gegangen wäre, ich hätte gleich ein anderes Krankenhaus für meine Frau herausgesucht.

Kapitel 3
Ein sehr guter Arzt, Psychiater und Psychologe

Meine Frau war nach einigen Suizidversuchen in der Geschlossenen gelandet und wir mussten ein Arztgespräch führen, wir kamen kurz darauf zu diesem Arzt. Er war verhältnismäßig, ein sehr junger Arzt, schon der erste Eindruck war sehr gut, er wirkte ruhig und sehr überlegt, ich hatte den Eindruck, er wusste ganz genau, was er sagte und machte. Er war ein sehr wichtiger Mann für meine Frau und das Leben mit dieser Krankheit.

Dieser Arzt wusste sehr genau, was er tat, er führte mit den Schwiegereltern lange Gespräche, was ihnen überhaupt nicht behagte, daraufhin bekamen sie von ihm Besuchsverbot, denn sie hatten ihre eigenen Tabletten mitgebracht und wollten ihm vorschreiben, welche Tabletten er verschreiben müsste und sie wollten ihre Tochter sofort mitnehmen. In dieser Hinsicht ließ er natürlich nicht mit sich reden und es hatte ja seine Konsequenzen.

Er war der Arzt, der feststellte, dass meine Frau Schizophren erkrankt war und nach einem sehr langen Aufenthalt in der Geschlossenen mit den richtigen Tabletten einstellte. Er entließ sie erst, als es ihr viel besser ging. Das war der einzige Arzt, der es fertiggebracht hatte, dass Brigitte sehr gut eingestellt das BKH verlassen hatte.

Dieser Arzt oder Psychiater hatte mit meiner Frau und mir, immer lange Gespräche geführt, was für Therapien sie machen sollte, was ihr guttun würde. Immer wollte er alles mit uns besprechen und er hatte mit allem ein gutes Händchen. Brigitte musste eine Bewegungstherapie machen, sie konnte jeden Tag schwimmen gehen. Eine Beschäftigungstherapie bekam sie auch verordnet. Sie musste einige kleine Ausflüge mit machen. Sie bekam einen kreativen Bastelkurs, der ihr sehr gut gefiel. Der Arzt schöpfte alles aus, was meine Frau machen konnte und wir hatten es zusammen zu einem sehr guten Ergebnis gebracht. Meine Frau war fast immer den ganzen Tag bis zum Ausgang beschäftigt, als ich sie dann abholte, hatte er für uns auch noch eine Therapie verordnet, zum Beispiel, Spazieren gehen, einen Ausflug machen u. s. w.

Dieser Arzt und Psychiater sagte einmal zu mir: „Um meine Frau optimal zu behandeln, müsste sie sehr weit weg, in ein anderes Krankenhaus, damit keine Angehörigen sie besuchen könnten, nur so kann sie richtig behandelt werden." Damals dachte ich mir: „Was soll das, das glaube ich nicht." Heute sehe ich das anders, nachdem ich einiges durchgemacht hatte, bin ich der Meinung: „Der Arzt hatte vollkommen Recht." Seine Meinung war: „Nur so könnten die Ärzte in Ruhe mit dem Patienten arbeiten, auf ihn eingehen, richtig mit ihm reden und daraufhin gut behandeln. Kein Angehöriger, Eltern, Ehepartner, Verwandter, Freunde könnten den Patienten somit beeinflussen und die Behandlung stören. Vielleicht könnten sie dann sogar später mit einer richtigen Psychotherapie beginnen und mit dem Patienten komplett durchziehen. Es wäre zwar für den Patienten sehr hart, total von allen, seinen lieben Angehörigen und Freunden isoliert, in ein weit entferntes Krankenhaus zu kommen, aber sehr wahrscheinlich hat er eine große Chance richtig therapiert zurückzukommen und vielleicht in ein normales Leben zurückzukehren. Er würde ein ganz anderer Mensch werden, selbstsicher, resoluter, konsequenter." Ich konnte es nicht verstehen, was der Arzt, meiner Frau und mir gesagt hatte, auch meine Frau sagte: „Was sollte das bringen, so weit weg, was soll dort anders sein, als hier." Meine Frau und ich denken heute ganz anders darüber und würden das machen was dieser Arzt verlangte.

   Meine Frau hatte lange Zeit mit den Tabletten, ohne stationäre Aufnahme leben können. Aber diese Tabletten hatten Nebenwirkungen und darum bekam sie einen Darmverschluss, daraufhin kam sie ins Klinikum und danach wurde sie Stationär im BKH aufgenommen. Leider hatte der sehr gute Arzt, das Krankenhaus aus beruflichen Gründen verlassen. Daraufhin ging es mit meiner Frau nur noch bergab, wenn der Arzt sie weiter behandelt hätte und wieder neu mit Tabletten eingestellt, ich wäre überzeugt gewesen, meine Frau hätte wieder gut therapiert das BKH verlassen können. Wer weiß, wie es dann heute wäre. Die Ärzte, die meine Frau behandelten, konnten diesem Arzt nicht das Wasser reichen. Wir trauerten dem Arzt sehr lange nach, vielleicht wäre meine Frau auf die Anordnung von diesem Arzt, doch noch sehr weit weg, in ein anderes Krankenhaus verlegt worden. Da dieser Arzt nicht mehr im Haus war, konnte ich nichts mehr machen, nur noch hoffen und das war leider vergeblich. Vielleicht hätten wir diesen Arzt suchen sollen? Aber dieser Arzt war von unserer Stadt weggegangen, in eine andere Nervenklinik, also wo ist er hin, wo hätten wir suchen sollen, meine Frau hätte bestimmt nicht dort behandelt werden können, die Krankenkasse hätte bestimmt nicht mitgespielt?

Kapitel 4
Die Ärzte und Psychiater

Die Ärzte im Bezirkskrankenhaus hatten keine große Geduld und sie hatten meines Erachtens meine Frau viel zu früh und nicht gut mit Tabletten eingestellt entlassen, überhaupt nicht stabil kam sie nach Hause und sollte sofort jeden Tag die Tagesklinik besuchen, dass sie daraufhin nicht lange durchhielt und meistens mit einem Chaos endete, war für mich vorhersehbar. Keiner dieser Ärzte und Ärztinnen hatte das Händchen meine Frau gut aus dem BKH zu entlassen.

Diese Psychiatrie wurde meiner Frau zur Qual. Sie verbrachte viel mehr Zeit in der Geschlossenen, als zu Hause. Es war zwar meist kein langer Aufenthalt, aber oft, es war nur noch ein Kommen und Gehen, kaum war sie zu Hause, war sie schon wieder im BKH, manchmal hatte sie sich sogar selbst eingewiesen. Unzählige Selbstmordversuche folgten, alles versuchte sie, sie ließ keine Möglichkeit aus, sich das Leben zu nehmen. Sie wollte sich vor dem Zug werfen, was zu Folge hatte, dass sie ihre Hand zerfetzte, Salzsäure wollte sie trinken, sich ertränken in einem See, alle ihre Tabletten schlucken, vor ein Auto werfen und noch einige andere Versuche. Es gab fast keine Variante, um sich das Leben zu nehmen, das sie nicht versucht hätte, es war eine grausame Zeit, die meine Nerven aufs äußerste strapazierte.

Immer wieder versuchten die Ärzte es mit einer weiteren Tablettenumstellung, es wurden andere Tabletten versucht, es kamen Neue auf den Markt, diese mussten versucht werden und versprachen viel, aber das bei weitem nicht erreichten, als sie versprachen. Meine Frau wurde ein richtiges Versuchskaninchen der Pharmaindustrie, nichts half, im Gegenteil meine Frau saß nur noch apathisch im Raucherraum und rauchte eine nach der anderen und sah dabei sehr schlecht aus, sie war sehr blass, der Speichel lief ihr aus dem Mund, der Fuß zitterte ununterbrochen, sie war nicht einmal ein Schatten davon, von dem, das sie einmal war.

Unzählige Arztgespräche führte ich mit meiner Frau, nichts half. Was meist dazu führte, dass sie schnell entlassen wurde und was für mich Ärger bedeutete und der nächste BKH Aufenthalt bald folgte, alles ging von vorne los und ein neuer Arzt oder Ärztin, die einen neuen Versuch starteten, mit dem gleichen Erfolg. Es wurden auch weniger Therapien verschrieben, meistens nur eine Beschäftigungstherapie, sonst nichts. Durften sie nicht mehr verschreiben? Sie schafften es auch nicht, dass meine Frau zu mehr fähig war. Ich hatte den Eindruck, sie wollten sie nur schnell loswerden und sie konnten berichten, wir hatten wieder eine Patientin geheilt nach Hause geschickt. Aber es war keine gute Entlassung, ich hatte den Glauben verloren, dass uns das BKH helfen konnte. Jeder Arzt hatte eine andere Methode, aber manche Ärzte kannten gar keine. Ich war schon der Meinung, die Ärzte würden sie schon vorher aufgegeben, bevor sie mit einer Behandlung begannen. Sie sagten sich bestimmt: „Da können wir so und so nichts mehr machen." War sie schon austherapiert?

Ich konnte mich nicht mehr richtig darauf freuen, dass meine Frau nach Hause kam, ich musste jeden Augenblick auf sie ein Auge werfen, ob sie nicht einen neuen Suizidversuch vorhatte oder ich musste mit ihr stundenlang im Wohnzimmer, händchenhaltend um den Tisch laufen. Ich konnte nicht durchschlafen, wenn sie in der Nacht aufstand hatte ich Angst, sie würde sich etwas antun. Das machte keinen Spaß mehr, ich konnte nichts mehr unternehmen, nicht einmal Einkaufen gehen. Wenn ich die Ärzte fragte: „Wie soll ich das alles schaffen." Darauf bekam ich meistens zur Antwort: „Sie müssen halt ihre Zeit anders einteilen." Da möchte ich mal diese Ärzte sehen, wie sie das machen wollen. Beim Reden klingt alles so einfach, aber in der realen Welt sieht alles ganz anders aus, jede Minute musste genau geplant sein.

Da sie anscheinend keinen Rat mehr wussten, wie sie meine Frau behandeln mussten, kamen sie immer auf neue Ideen und meinten: „Meiner Frau geht es bestimmt beim Einkaufen viel besser." Wenn meine Frau mindestens 4 Stunden Ausgang hat und nach Hause konnte. Normalerweise hatte sie die Zeit zur freien Verfügung, aber dann wollten die Ärzte bestimmen, teure Shoppingtouren, Ausflüge machen. Ich sollte mindestens zweihundert Euro abheben und mit meiner Frau schöne Klamotten einkaufen gehen und die dem behandelten Arzt vorzeigen, mit Rechnung, die daraufhin am nächsten Tag in der Station verschwunden waren. Da es dann meiner Frau daraufhin schlecht ging, sollten wir das Gleiche noch einmal machen. Diese teuren Einkäufe brachten nur ein paar Stunden Erlösung, kurz darauf war wieder das gleiche Bild im Raucherraum, nur das unser Konto leer war. Aber jeder Arzt, den sie hatte, versuchte es ein paar Mal, es kam absolut nichts Neues, was meiner Frau wirklich guttat und half.

Sie hatten immer etwas Neues auf Lager, sie schickten beim Ausgang Kontrollen nach Hause, ob ich die Wohnung genügend sauber gemacht hätte, ob ich in dieser Zeit, beim Ausgang Hausputz machte, es durfte nicht einmal eine Waschmaschine laufen, sie fragten meine Frau: „Ob ich sie beim Saubermachen einsetze?" Wer meine Frau sah, wusste, dass sie absolut nichts tun konnte, also, warum eigentlich die Frage? Ich durfte in dieser Zeit, nichts im

Garten und in der Wohnung tun. Wenn ich um 20 Uhr meine Frau vom Ausgang zurückgebracht hatte, danach durfte ich zu Hause loslegen und die nötige Hausarbeit machen. Die Ärzte waren der Meinung: „Meine Frau sollte sich in dieser Zeit wohlfühlen und mich nicht bei der Hausarbeit sehen, das mache sie krank, ich solle mich daran gewöhnen, dass meine Frau mich nie mehr bei der Hausarbeit unterstützen könne, denn sie sei jetzt chronisch-krank."

Der gute Arzt hatte meine Frau gut entlassen und hatte keine so großen Forderungen gestellt. Aber diese Ärzte, dass ich erst um 21 Uhr mit der Hausarbeit anfangen konnte, das war ihnen Scheißegal. Ich verstand oft die Welt nicht mehr. Ich fragte mich oft, was fällt ihnen heute wieder Neues ein. Ich würde gern wissen, ob das alles meine Frau nicht noch mehr belastet hatte, sie wusste, dass ich die ganze Hausarbeit erst sehr spät anfangen konnte und großen Stress hatte. Ich fand, man sollte damit einen guten Mittelweg finden. Es war richtig, wenn die Frau Ausgang hatte, dass ich nicht unentwegt Hausarbeit machte, aber mal eine Waschmaschine einschalten, sie läuft doch alleine, dass die Wäsche dann fertig wäre, wenn ich nach Hause kam. Das hätte ihr bestimmt nichts ausgemacht, aber nein, das sollte nicht sein. Die anderen Bewohner im Haus waren nicht gerade erfreut darüber, dass ich erst um 21 Uhr die Waschmaschine eingeschalten hatte, aber ich konnte nicht anders. Viele Ärzte verließen dieses Krankenhaus und genauso viele kamen wieder, so brauchte man sich nicht zu wundern, was darin so passierte oder nichts voranging, ich hatte den Eindruck, dass alles irgendwie planlos war.

Ich war absolut nicht mit dem Krankenhaus zufrieden, sie hatten nichts zustande gebracht, für die Genesung meiner Frau, sie konnte in dieser Zeit, nicht mehr mit der Krankheit leben, es war für sie eine Qual, wenn ich eine Möglichkeit gewusst hätte, wir hätten das Krankenhaus gewechselt. Wieso hatte es das Krankenhaus geschafft, indem sie jetzt lebt, da muss man doch mit dem Bezirkskrankenhaus unzufrieden sein?

Kapitel 5
Die offenen Stationen

Eigentlich war die offene Station, auch nicht das Gelbe vom Ei. Ich musste feststellen, sie arbeiten genauso nur mit Tabletten, kam der Patient in die Station, wurde er, wie auf einer Geschlossenen, erst ruhig gestellt und beobachtet, danach wurden ein paar Arztgespräche geführt, erst nur mit dem Patienten, später mit dem Angehörigen, es war immer die ein und dieselbe Leier. Das Gleiche geschah, wenn der Patient von der Geschlossenen hierher verlegt wurde, nur Tabletten, nichts anderes, dieselben, die von der Geschlossenen verabreicht wurden, mussten weiter genommen werden, ich hatte die Erwartungen an eine offene Station zu hoch geschraubt, was hätte auch anders sein sollen?

Dann wurden Therapien verordnet, die durchgezogen werden mussten, klappte es nicht mit dem Patienten, könnte es sein, dass er zurück auf die geschlossene Station verlegt wurde, es gab sehr viele Gründe, dass so etwas von dem behandelten Arzt verordnet wurde, zum Beispiel, dieser Patient hatte heimlich Alkohol oder Drogen genommen, er ist auf Patienten, Pfleger, Schwestern oder Ärzte losgegangen oder er hatte einen Suizid versucht. Es gab noch einige weitere Gründe, dass eine Verlegung in die Geschlossene veranlassen würde, aber Gott sei Dank, kam so etwas mit Brigitte nicht oft vor. Aber im Allgemeinen ging es auf der offenen Station ruhiger zu, als auf der Geschlossenen, das war wenigstens etwas beruhigend.

Kam doch ein unerwarteter Zwischenfall vor, dann konnte sie schnell in eine geschlossene Station verwandelt werden. Das hatte ich ein paar Mal erlebt, dass ich zu meiner Frau nicht direkt gehen konnte. Die Türen waren geschlossen und ich musste mich erst anmelden. Dann wurde ich erst in die Station gelassen und konnte meine Frau besuchen, kurz darauf verließen wir die Station meistens schnell und unternahmen etwas und kamen pünktlich zu ihrem Abessen zurück und verließen danach die Abteilung noch einmal, bis zum Zapfenstreich der um 20 Uhr war.

Die Patienten hatten meist ein Zimmer mit zwei Einzelbetten, es war alles etwas freundlicher eingerichtet. Alle in dieser Station konnten sich von 8 Uhr bis 20 Uhr frei bewegen auf dem Krankenhausgelände, außer sie hatten vom Arzt Ausgang genehmigt bekommen, dann konnten sie das Gelände mit einem Angehörigen verlassen, auf keinen Fall alleine.

Ich hatte den Eindruck, dass auf diesen offenen Stationen noch weniger getan wurde, als auf der Geschlossenen, es wurde nur abgewartet, das der Patient entlassen werden konnte und die Wirkung von den Tabletten und Therapien das vollbrachten, was erwartet wurde. Es gab Tage, ich kam in die Station gelaufen und ich sah kaum einen Menschen in der Station. Ich fragte mich manchmal, ist da überhaupt jemand da. Aber, wenn Brigitte und ich am späten Abend zurückkamen, war die Station wieder mit Leben gefüllt. Meistens verbrachte meine Frau dort nicht so viel Zeit und wurde nach circa vier bis acht Wochen entlassen. Sie bekam ihre riesige Tablettenliste mit, ein Rezept für die Apotheke und der Arzt oder Ärztin meinte, damit wird schon alles gut gehen, es war aber nie mehr so.

Wenn ich Brigitte gefragt hatte, was hast du heute gemacht? Bekam ich meistens zu Antwort: „Ein bisschen Bewegungstherapie und morgen habe ich eine Beschäftigungstherapie, sonst habe ich nichts gemacht." Ich antwortete: „Das war aber nicht viel." Sie meinte daraufhin: „Ich bekomme nicht mehr so viel aufgeschrieben, ich weiß nicht warum, ich sitze meistens nur da und warte, bis du kommst, sonst habe ich nichts zu tun?"

So bekam ich von diesem Krankenhaus mit der Zeit kein gutes Bild mehr, im Gegenteil, ich müsste das BKH nie mehr betreten und sehen, ich hatte es mir so gewünscht. Wenn es nur ein ähnliches Krankenhaus hier gegeben hätte, wir hätten es mit Sicherheit genutzt, denn so hatten wir nie eine Chance, dass es einmal besser werden würde, nur immer schlechter und ich musste nur zusehen, wie meine Frau immer mehr, mit der Krankheit in sich zerfiel.

Kapitel 6
Fixieren

Das ist ein Thema, über das ich nicht gerne schreibe, ich möchte nicht mehr daran denken, denn als ich meine Frau so sah, im Bett festgeschnallt und mit Tabletten vollgedröhnt, bekam ich jedes Mal einen Schock und eine Wut. Das konnte ich kaum ertragen, das werde ich nie verstehen, warum musste das sein? Meine Frau war nie aggressiv geworden, sie hätte sich eher selbst etwas angetan, bevor sie jemand anderen verletzt hätte. Sie hatte keine Manie, dass sie aggressiv geworden wäre, sie war trotz ihrer Krankheit sehr gutmütig.

Dass sie fixiert worden war, war nur in der geschlossenen Anstalt vorgekommen. Was hätte sie dort alleine anrichten können, es war so und so nichts da, dass sie sich selbst verletzen konnte. Ich war mir sicher, dass sie sich bestimmt nicht einmal gewehrt hatte, als sie gefesselt wurde. Sie ließ sich alles gefallen, sie wehrte sich nie, vielleicht lag es an ihrer Krankheit? Sie konnte sich nie durchsetzen, sie sagte kaum ihre Meinung, sie traf auch nie eine Entscheidung, das störte mich schon immer.

Meiner Meinung nach, hatte das fixieren nur das Personal gemacht, damit sie ihre Ruhe hatten, sie brauchten somit nicht auf sie aufpassen. Sie war komplett ruhig gestellt, sie konnte keinen auf die Nerven gehen und die Pfleger konnten in Ruhe in ihren Aufenthaltsraum gehen und Kaffee trinken. Ich fand das unverschämt und konnte nichts dagegen tun, das war menschenunwürdig, was sie meiner Frau angetan haben, so etwas sollte nicht so einfach zugelassen werden.

Als ich auf die Station kam und die Pfleger fragte: „Ich würde gerne meine Frau mit in den Raucherraum mitnehmen." Daraufhin wurde sie von ihren Fesseln befreit, dann durfte meine Frau mit mir mitgehen, ich brauchte nicht auf sie aufpassen, sie saß ganz ruhig neben mir und rauchte ein paar Zigaretten. Die Pfleger wussten ganz genau, dass ich diese Maßnahme nicht akzeptierte. Ich verstand nie warum, das Fixieren bei meiner Frau sein musste?

Bei meiner Frau auf jeden Fall nicht, da hatten ganz andere Patienten um sich geschlagen und randaliert, da verstand ich, dass es sein musste. Es hätte ein Besucher oder Patient verletzt werden können. Für mich war das nur reine Bequemlichkeit der Pfleger und der Schwestern, ich sah in dieser Zeit viele Patienten, die fixiert waren, oft waren es Neuankömmlinge, anscheinend wurden sie erst mal ans Bett geschnallt, um sie gefügig zu machen? Damit sie wissen, dass sie sich in der Station ruhig zu verhalten hätten, sonst werden sie gleich wieder fixiert und kommen so schnell nicht wieder frei.

Ich war mir sicher, dass es bei vielen Patienten auch anders gegangen wäre, so war es für fast jeden Patienten eine reine Zumutung. Ein Strafgefangener ist bestimmt besser behandelt worden. Darum hatte ich im Band 1 oft geschrieben, dass meine Frau wieder zurück in ihr Gefängnis gegangen war. Ich fand sogar, dass Verbrecher im Gefängnis bestimmt mehr Freiheiten haben. Fixieren ist für mich eine Freiheitsberaubung und eine Erniedrigung einer Person, besonders wenn es nicht gerechtfertigt war und das sah ich in diesem BKH ganz offensichtlich.

Ich kann es nicht mehr nachvollziehen, aber ich hatte damals den Anschein, dass nicht jede Fixierung vom Arzt angeordnet war, dass die Pfleger und Schwestern frei entscheiden konnten, ob ein Patient frei in der geschlossenen Station herumlaufen durfte oder nicht, das wäre eine Frechheit gewesen, vielleicht war es damals so, wie es jetzt ist, weiß ich nicht, bestimmt nicht viel besser.

Ich hätte das fixieren nie verhindern können, weil ich, wenn sie meine Frau fesselten, in der Arbeit war, aber wenn ich kam, wurde meine Frau immer befreit, was nach 20 Uhr war, wenn die Angehörigen die Station verlassen mussten, weiß ich nicht, ich kann es nur ahnen und das war bestimmt nichts Gutes. Sie gingen oft mit ihren Patienten nicht gerade gut um und bestimmt war es für die Pfleger und Schwestern nicht gerade einfach in diesen Stationen zu arbeiten, aber psychisch-Kranke sind auch Menschen die Gefühle haben, dann sollte man feinfühliger entscheiden, ob ein Patient fixiert werden muss oder nicht. Mit der Zeit kennt man fast jeden Patienten, der schon öfters hier war und weiß wie er sich benahm, ob er immer aggressiv war, oder gutmütig, dann müsste doch dem Personal die Entscheidung leicht fallen, sollte man meinen. „Mit Sicherheit gibt es eine rechtliche Grundlage, das dieses fixieren nur in bestimmten Fällen erlaubt und bestimmt nur von den behandelten Ärzten erlaubt werden kann, aber kann man das immer beweisen, dass dies so nicht gewesen war?"

Ich denke, die Pfleger und Schwestern wollten bestimmt auch nicht fixiert sein, dann sollten sie es eigentlich mit anderen Augen sehen. Ich konnte meine Frau von den Fesseln befreien, wenn ich in die Station kam, ansonsten hatte ich keine Chance etwas zu tun, mir waren mal wieder die Hände gebunden, wie so oft.

Kapitel 7
Tagesklinik

Nach der Entlassung konnten die Patienten eine Tagesstätte besuchen, egal welche, ob Bezirkskrankenhaus, Diakonie oder eine andere, natürlich wollten die Ärzte, dass in ihre Eigene gegangen wurde. Meine Frau besuchte ein paar Mal diese der Diakonie, aber meistens fuhr sie ins BKH, meine Frau meinte: „Es sei kein großer Unterschied zwischen den beiden Tagesstätten." Sie ging wahrscheinlich viel lieber in das BKH, weil sie dort viele Leidensgenossen kannte, mit denen sie sich unterhalten und austauschen konnte. Aber war das immer gut, denn sie hätte jemanden gebraucht, der sie mitzog, ansornte und eine positive Ausstrahlung besaß? Hatte eine Freundin oder Bekannte bipolare Störungen und es ging ihr sehr schlecht, zog es meine Frau genauso hinunter und sie bekam schizophrene und depressive Anfälle, daraufhin kam sie oft früher nach Hause, trank sehr viel Bier, bis ich von der Arbeit kam, war das Chaos perfekt. Sie zogen sich sozusagen gegenseitig hinunter. Aber was konnte man dagegen tun, so zusagen nichts, man konnte nur versuchen, dass man sie zu Hause etwas ablenkte und ein bisschen aufbaute, wenn es noch möglich war.

 Im BKH, sowie in der Diakonie, war sie von 9 bis 15 Uhr dort und sie konnte sich hier über den Tag beschäftigen, dorthin musste sie alleine hinfahren, ich konnte nicht, denn ich musste um sechs Uhr in der Arbeit sein oder ich hatte Nachtschicht, dann konnte ich sie nur abholen vor der Arbeit. Es wurde nicht kontrolliert, ob ihre Patienten ihre Tabletten regelmäßig einnahmen, sie mussten nicht unbedingt pünktlich erscheinen. Sie konnten, wenn sie sich abgemeldet und ihre Angehörigen informiert hatten, früher gehen. Es gab keine großartigen Regeln, aber es wurde nachgefragt, wenn eine Person erst gar nicht erschienen war und sich nicht entschuldigte, sie wollten wissen, warum ist er nicht erschienen?

 Von diesem Zeitpunkt ab, mussten die Patienten selbstständig sein und die Angehörigen ein großes Vertrauen haben, wenn sie alleine in die Tagesstätte gingen und die Verantwortlichen mussten sich auf sie verlassen können. Diese Therapeuten konnten ihnen eine Aufgabe geben und vielleicht eine Therapie verordnen, notfalls konnten sie einen Patienten zu jederzeit wieder auf eine Station einweisen. Mit meiner Frau hatte es die Tagesstätte ein paar Mal gemacht und sie kam dann wieder in die geschlossene Station. Sie wurde erst in die Ambulanz zu ihrer Ärztin gebracht und wenn diese es für richtig gehalten hatte, wurde sie auf einer der vielen Stationen eingewiesen. Meiner Meinung nach: „Hätte es nicht sein müssen, meine Frau wurde immer zu früh entlassen, vor allem hätte sie stabiler sein müssen und viel besser mit den Tabletten eingestellt sein." Sie war meistens nur ein paar Tage in der Tagesstätte gewesen, dann ging es meistens zurück in eine der psychiatrischen Stationen, fast immer in ihre zweite Heimat.

Aber ich war trotzdem von beiden Tagesstätten etwas enttäuscht, da sie meine Frau immer wieder nicht abgemeldet, entwischen ließen und ich konnte danach, meistens die ganze Wohnung putzen und sogar meinen Hund duschen, warum hatten sie mich nicht informiert, sie hätten mich nur anrufen müssen? Ich hatte oft mit ihnen geredet, aber nichts half, sie entwischte immer wieder und ich hatte ein Chaos zu Hause, bis sie wieder einen Suizidversuch machte und in die geschlossene Station kam. Selten wurde ich in der Arbeit informiert, dass meine Frau zu früh die Tagesstätte verlassen hatte, so hätte ich vielleicht, das schlimmste verhindern können. Ich diskutierte mit ihnen immer wieder, sie versprachen mir, nächstes Mal, falls so etwas wieder vorkommen würde, werden sie mich verständigen, aber nichts passierte, ich hätte genauso mit einer Wand reden können. Was sollte ich noch tun. Wie gesagt: „Das Zusammenspiel, zwischen Therapeuten und Angehörigen funktionierte fast nie richtig, wie es eigentlich sein sollte. Ich fühlte mich in solchen Situationen oft sehr alleine gelassen und auf mich alleine gestellt. Da ich von meinen Angehörigen keine Hilfe hatte, hätte ich wenigstens vom BKH oder der Diakonie eine bessere Zusammenarbeit erwartet und vor allen Dingen dringend benötigt, es wäre sehr erfreulich gewesen, wenn ich mich auf diese Therapeuten hätte verlassen können."

Anfangs hatte ich großes Vertrauen in die Tagesstätte, aber über die Jahre verlor ich immer mehr das Vertrauen in die Tagesstätten und in das gesamte BKH. Ich denke, man brauchte sich nicht darüber wundern. Ich dachte mir immer wieder: „Ich wäre zufrieden gewesen, wenn Brigitte die Tagesstätte dauerhaft besuchen könnte und dort jeden Tag hingehen würde, dass sie dort gut aufgehoben wäre, ich in Ruhe arbeiten gehen könnte und ich mir keine Sorgen machen müsste, das sie fern von der geschlossenen Station bleiben würde, das wäre zu schön gewesen." Dieser Traum blieb unerfüllt und die harte Realität traf mich immer wieder.

Als sie ein paar Tage in die Tagesstätte gegangen war, war es wieder soweit, als ich von der Arbeit kam, war meine Frau schon total betrunken zu Hause und sie hatte ein großes Chaos veranstaltet oder sie war irgendwo und versuchte den nächsten Suizid. So kam es im Laufe der Jahre, dass ich mir in der Arbeit immer mehr Gedanken darüber machte, was meine Frau in der Tagesstätte machte, ist sie noch dort, ist sie überhaupt mit der Straßenbahn hingefahren, was erwartet mich, wenn ich nach Hause kam? Ich war immer etwas nervlich angespannt, ich konnte mich nie mehr richtig entspannen und ich hatte Probleme in der Arbeit, mich zu konzentrieren, wenn meine Frau dort alleine hinfuhr, ich fraß meine Sorgen in mich hinein und versuchte mir nichts anmerken zu lassen. Meine Frau schaffte es nicht und die Tagesstätte brachte es auch nicht fertig, dass ich mir keine Sorgen machen müsste. Ich fragte mich oft: „Was soll ich noch tun?" Mir waren in diesem Fall die Hände gebunden, mehr als reden konnte ich nicht, ich war oft sehr verzweifelt.

Manchmal fühlte ich mich als Versager, denn ich schaffte es nicht, dass ich meine Frau von der geschlossenen Station nie fernhalten konnte, dass sie richtig behandelt und gut therapiert in ein normales Leben zurückkonnte.

Die Therapeuten wussten, dass meine Frau so war, warum passten sie dann nicht besser auf sie auf. Mir kam es so vor, dass es ihnen scheiß egal war, so hatten sie wahrscheinlich das Gefühl, sie würde so und so wieder in der geschlossenen Psychiatrie landen: „Warum sollten wir dann etwas tun?" Meines Erachtens war sie nicht stabil genug für eine Tagesstätte und sie hatte schon lange vor dem Entlassen, den nächsten Selbstmord geplant, so etwas darf einfach nicht vorkommen. Ich hatte daraufhin kein Vertrauen mehr zu den Ärzten und Therapeuten und ich wusste, dass meine Frau chronisch-krank war, aber meine Meinung war, sie hatte trotzdem die Möglichkeit, damit gut zu Leben. Aber die Tagesstätte hatte nichts dafür getan, es nicht einmal versucht. So war irgendwann, das Verhältnis zwischen den Therapeuten und mir gestört. Ich versuchte es zwar immer wieder mit ihnen zu Reden und ich verstand ihre Meinung, weil ich meine Frau sehr gut kannte und genau wusste, dass sie jede Möglichkeit nutzen würde, wenn sie nicht richtig therapiert war, dass sie bestimmt versuchen würde, sich das Leben zu nehmen, es war nur immer die Frage: „Wann sie das durchziehen würde, wie sie das versuchte und was dabei passieren würde?"

Ich muss ehrlich dazu sagen, die Therapeuten in der Tagesstätte waren auch nicht zufrieden, wie meine Frau mit den Tabletten eingestellt war und wie sie entlassen wurde. Sie waren von den Ärzten in den Stationen sehr enttäuscht, dass man ihnen meine Frau so übergab, sie würde es schon irgendwie schaffen und dann mit der Zeit würde alles besser werden. Wenn nicht, dann würde sie halt wieder zurückkommen und dann würden andere Tabletten versucht werden. Warum hatte die Tagesstätte daraufhin meine Frau nicht sofort wieder in eine Station eingewiesen, mit der Begründung für die Tagesstätte nicht therapierbar, so wäre sie wenigstens in eine offene Station eingewiesen worden und nicht in eine Geschlossene, wenn schon alles zu spät war. So war mein ehrlicher Eindruck, schnell geheilt entlassen, obwohl es so nicht war. In die Tagesstätte abschieben, obwohl sie keine Chance hatte, es auf längere Zeit durchzuziehen. Dann einen Selbstmordversuch, daraufhin zurück in die geschlossene Station, um vielleicht noch fixiert zu werden, das war der Dank für die schnelle Entlassung, meine Frau hatte absolut kein schönes Leben mehr, wir hatten deswegen zusammen, kein schönes Eheleben mehr.

Brachte ich sie zu ihren Eltern, hatte ich genauso ein Problem. Ich konnte doch nicht zu arbeiten aufhören, nur, dass meine Frau nicht mehr in die Geschlossene kam, wir brauchten dringend das Geld, das ich verdiente, wie sollten wir sonst Leben? Ich versuchte immer wieder mit den Schwiegereltern gut auszukommen, obwohl es mir nicht passte, aber ich konnte manchmal nicht anders und so brachte ich meine Frau vor der Arbeit zu ihnen und der Schwiegervater brachte Brigitte in die Tagesstätte. Ich holte sie, kurz nach 15 Uhr, mit dem Auto ab.

Ich machte mir immer wieder Gedanken darüber, warum es nicht klappte, was es außer den Tabletten noch sein könnte, aber ich kam nie drauf. War es das, weil sie dort etwas machen musste und wenn wir zu Hause waren, musste sie nichts tun, sie brauchte nur auf der Terrasse sitzen und konnte eine Zigarette nach der anderen rauchen und Kaffee trinken. Eine andere Möglichkeit war, die ich schon ansprach, wenn es einer Freundin schlecht ging, dass es ihr dann auch schlecht ging. Was kann man dagegen tun, ich fühlte mich machtlos, dem gegenüber, ich war verzweifelt und ratlos und bekam noch von den Schwiegereltern Vorwürfe, dass ich nichts unternehmen würde, das es ihrer Tochter besser gehen würde.

Da es mit den Schwiegereltern nicht klappte, kam ich dann immer wieder auf die Tagesstätte zurück. So wusste ich bald nicht mehr, was ich tun sollte, ich war in einem verfluchten Kreislauf, aus dem ich nicht mehr herauskam, es war zum Verzweifeln. Ich konnte mich schon nicht mehr freuen, wenn meine Frau entlassen wurde. Ich hätte es früher nie geglaubt, es gab Tage, da fühlte ich mich in der Arbeit wohler, als zu Hause. In der Tagesstätte klappte es überhaupt nicht, ob Diakonie oder BKH, darum meinte ich, dass die offenen und geschlossenen Stationen mit den Tagesstätten überhaupt nicht zusammen arbeiteten. Ich würde sagen, sie gaben einfach die Verantwortung weiter an die Tagesstätten und dann wurde alles dem Angehörigen weiter gereicht und sie konnten mit den Patienten, wie immer alles ausbaden. So einfach war das, meine Frau und ich konnten schon sagen, bis zu nächsten Mal, wenn sie auf eine der bekannten Station kam und die gleichen Gesichter sah, die sie alle kannte und derselbe Kreislauf von vorne anfing.

Die Tagesstätte und der Schwiegervater mit seinen Tabletten spielten eine wichtige Rolle bei ihren Suizidversuchen, immer wieder machte sie, als sie dieses Ziel erreichte, das sie in die Tagesstätte gehen konnte, einen riesigen Schritt zurück, ihr ging es plötzlich viel schlechter, entweder wies sie sich dann selbst ins BKH ein, indem sie dann einen Krankenwagen anforderte oder sie machte einen Selbstmordversuch und war dann wieder auf der geschlossenen Station, es war ein verdammter Kreislauf aus dem Brigitte einfach nicht mehr herauskam, sie hatte nicht mehr die Kraft dazu, sich dagegen zu wehren und professionelle Hilfe bekam sie nur, indem sie in die Psychiatrie eingewiesen wurde. Aber auch hier kamen sie mit ihr nicht weiter. War es für die Ärzte eine Ausrede, dass sie meinten, meine Frau wäre chronisch-krank, weil sie mit ihr nicht mehr weiter kamen, denn eine andere Klinik schaffte es?

Ich hatte leider den Eindruck, die Tagesstätten wussten auch nicht, wie sie ihr helfen konnten, so waren Brigitte und ich, auf uns alleine gestellt. Ich kam mir wie ein Einzelkämpfer vor, von nirgends bekam man mehr eine Hilfe, nicht einmal von dem Krankenhaus von dem man es erwartete. Irgendwann spürte ich, dass mein innerer Motor auch nicht mehr konnte, meine Nerven waren am Ende, ich fragte mich oft, wie soll das noch weiter gehen?

Ich weiß nicht wie es heute im BKH und den Tagesstätten ist, wie heute alles gehandhabt wird, ich hoffe, das alles etwas besser ist, das die Patienten nicht zu früh entlassen werden, das die offenen und geschlossenen Stationen gut mit den Tagesstätten zusammenarbeiten, die Patienten gut mit Tabletten eingestellt zu den Tagesstätten gehen und diese Therapeuten die angefangene Arbeit gut vollenden können, dass diese Patienten Spaß haben in der Tagesstätte und gerne hingehen können und somit sie sich auf ein Leben ohne offene und geschlossene Stationen einstellen zu können. Das würde mich sehr freuen und für die Patienten wäre das ein großer Erfolg.

Kapitel 8
Die Ambulanz

Wurden die Patienten von einer geschlossenen oder offenen Station entlassen, mussten sie sich in regelmäßigen Abständen im Bezirkskrankenhaus in der Ambulanz melden, um ihren Arzt oder Psychiater aufzusuchen. Die Termine legte der behandelte Arzt fest. Die Ambulanz war außerhalb der Stationen, in der Nähe vom Eingang, wahrscheinlich damit man möglichst nicht mit den Stationen in Berührung kam.

In der Regel verliefen die Ambulanz Termine und der Tagesstätten Besuche zeitgleich, nur das die Tagesstätte jeden Tag besucht wurde, außer am Wochenende und die Ambulanz meistens einmal die Woche, später reduzierten sich die Besuche, alle zwei Wochen, drei Wochen, bis einmal im Monat, außer dem Patienten ging es sehr schlecht, dann musste der Patient öfters kommen oder wieder stationär aufgenommen werden.

Die erste Frage des Arztes war meistens: „Wie geht es ihnen, haben sie Selbstmordgedanken oder Suizidgedanken?" Natürlich fanden sie es gut, wenn der Partner des Patienten anwesend war, so konnten sie ihn auch befragen. So musste ich immer zusehen, dass ich den Termin nach Möglichkeit, nach meiner Arbeit bekomme. Ich holte immer meine Frau von der Tagesstätte ab und dann gingen wir zu der Ambulanz und meldeten uns zur Ärztin an, dass wir anwesend waren, ich berichtete sofort, welche Tabletten wir benötigten, dort bekamen wir immer die Rezepte für ihre Psychopharmaka. Meine Frau brauchte immer sehr viele verschiedene Tabletten, es war eine verdammt große Liste von verschiedenen Tabletten.

 Dann konnten wir erst zur Ärztin, meine Frau hatte eine sehr nette Ärztin. Meistens bekam meine Frau eine Rüge, weil sie so viele Notfalltabletten einnahm. Alles wurde besprochen mit dieser Ärztin, auch wie es in der Tagesstätte und zu Hause ablief, der Ärztin gefiel nicht, dass meine Frau es nicht schaffte, eine Minute alleine zu Hause zu sein, ohne dass sie etwas anstellte, auch dass sie nicht einmal einen Versuch machte, etwas im Haushalt zu tun. Auch sie befragte meine Frau jedes Mal, ob sie Gedanken an Suizid hatte, sie bemerkte sofort, wenn meine Frau nicht so gut drauf war, dann hinterfragte sie meine Frau solange, bis sie herausgefunden hatte, wie es wirklich um sie stand, es kam ein paar Mal vor, das sie meine Frau auf eine Station eingewiesen hatte. Die Ärztin war der Meinung, es würde ihr sehr guttun, wenn sie etwas mithalf und genauso mit dem Hund hinausginge, um sich ein wenig abzulenken und nicht nur dasitzen, rauchen und Kaffee trinken. Aber meistens antwortete Brigitte so: „Sie schaffe es nicht." Dass sie das sagte, gefiel der Ärztin überhaupt nicht, aber sie erreichte nicht, dass meine Frau einen Antrieb bekam und zu Hause einen Handstrich tat. Genauso hätte sie es begrüßt, dass sie eine Psychotherapie einmal zu Ende bringen würde. Aber auch dies konnte sie nie vollkommen durchziehen. Oft fragte sie nach den Schwiegereltern, ob mit ihnen alles gut lief, aber das ist eine ganz andere Geschichte, über die sie auch alles wusste.

Es war immer ein Spiel zwischen den Stationen und der Ambulanz. Ein paar Wochen besuchte meine Frau die Ambulanz, wenn es mal gut lief, ein paar Monate, dann war sie wieder auf einer der Stationen, meistens die Geschlossene. Der große Unterschied zwischen den Stationen und der Ambulanz war, in den Stationen verlangten die Ärzte von ihr, das Brigitte absolut nichts im Haushalt tat, in der Ambulanz sollte sie selbstständig etwas im Haushalt machen. Aber meine Frau fand den Hebel einfach nicht mehr, um sich zu beschäftigen.

Einmal im Monat musste meine Frau, ihr Blut untersuchen lassen, vielleicht deswegen, da sie die vielen, starken Tabletten schluckte. Alle paar Monate wurden ihre Gehirnströme gemessen, ich wusste, dass sie die Untersuchungen machten, damit sie den Tablettenspiegel messen konnten. Da konnten sie erkennen, ob meine Frau ihre Tabletten regelmäßig einnahm. Alles wurde genau kontrolliert. Genauso bekam ich mal unerwarteten Besuch zu Hause, von einem Mitarbeiter vom BKH und er kontrollierte meine Wohnung, ob alles in Ordnung zu Hause war, ob sich meine Frau daheim wohlfühlen konnte. Was sah er, das meine Frau nur auf der Terrasse saß und eine nach der anderen rauchte und Kaffee trank? Ich fragte ihn: „Was solle ich machen?" Er zuckte mit den Schultern und ging, nachdem er sich umgeschaut hatte. Ich kannte so einen Besuch von den Stationen noch. Ob es heute noch so Kontrollbesuche gibt, das könnte sein, aber weiß ich nicht?

So kann ich nichts Schlechtes über die Ambulanz schreiben, es waren eigentlich nur kurze Gespräche und Untersuchungen, mehr war es nicht. Die Ärztin dort, war eigentlich nur da, um zu kontrollieren, ob es den Patienten noch gut ging, keine depressiven Gedanken hatten und für sich selbst keine Gefahr darstellten. Ich wäre sehr froh gewesen, wenn ich öfters und länger die Besuche bekommen hätte, dann hätte ich mir wegen meiner Frau keine Sorgen machen müssen.

Kapitel 9

Therapien

Als meine Frau die ersten Jahre in diesem Krankenhaus war, bekam meine Frau viel mehr Therapien verordnet, als die letzten Jahre. Es war so gut wie gar nichts in dieser Richtung passiert. Es gab kaum Therapien für sie, die sie besuchen konnte. Das konnte ich nicht glauben?

Am Anfang ihrer Krankheit, hatte sie viele verschiedene Therapien, die meist verordnete Therapie war die Beschäftigungstherapie und Bewegungstherapie. Sie bekam aber noch eine Arbeitstherapie, Sport und kleine Ausflüge. Es gab auch einen Haushaltskurs, den sie gerne besuchte und der ihr auch sichtlich Spaß machte.

In der Beschäftigungstherapie hatte meine Frau immer großen Spaß. Sie machten viele verschiedene Sachen, wie Basteln und Malen, sie brachte einmal einen sehr schönen Gartenzwerg mit nach Hause, den sie aus Ton für unseren Garten gefertigt hatte. Das hätte ich ihr nicht zugetraut. Sie bastelten viele Dinge für einen Markt, dort verkauften sie alles für einen guten Zweck. Im BKH waren die Sachen hinter einem Schaufenster ausgestellt, die neu gemacht wurden und die konnte man sofort kaufen. Sie zeigte mir dort immer, was sie Neues geschaffen hatte, erstaunlich was sie alles konnte. Ich dachte mir oft, wenn ich das sah, das müsste sie doch anspornen, sie müsste sich nach so einem Erfolg besser fühlen. Aber es war nur für einen kurzen Moment so. Sobald wieder die Freude vorüber war, war alles beim Alten. In diesen Therapien, lernte sie einige

Freundinnen kennen, von anderen Stationen, sie hatte somit viel mehr Kontakt und konnte sich mit ihnen austauschen, das war sehr positiv für sie.

Die Bewegungstherapie, meine Frau erzählte mir nur Einiges darüber. Hauptsächlich wurde sehr viel Gymnastik oder einfache Turnübungen geübt, sie hatten öfters mit einem großen Medizinball und Hula-Hoop-Reifen Übungen geturnt. Was sie jede Woche wiederholten, waren kleine Wanderungen, irgendwo hin, etwas anschauen oder besichtigen, vielleicht Kaffee trinken oder Eis essen. Die Patienten, die mit durften, mussten aber sehr stabil sein. Diese Therapeuten holten vorher Informationen von den einzelnen behandelten Ärzten. Es soll schon angeblich vorgekommen sein, dass ein Patient beim Ausflug geflüchtet sei, aber meistens kam er nicht weit und wurde mit der Polizei zurückgebracht, natürlich dann in die geschlossene Station, für eine sehr lange Zeit.

Beim Sport war es genauso, der Patient musste stabil sein. Mit einer Gruppe konnten sie ins Hallenbad gehen, dort machten sie einige Übungen, ein Therapeut war natürlich immer anwesend. Wenn ein Patient besonders stabil war und eine Genehmigung vom Arzt hatte, konnte er zu bestimmten Zeiten alleine das Hallenbad benutzen. Es war ein großes und schönes Hallenbad. Meine Frau hatte es mir einmal gezeigt, aber sie war in dieser langen Zeit nur ein paar Mal in diesem Bad, wenn sie auf einer offenen Station war.

Es war ein Tennisplatz vorhanden und ein Fußballplatz, auf dem Fußballplatz war natürlich immer etwas los. Wer auf den Tennisplatz wollte, musste sich eine Genehmigung holen, sie konnten sich Schläger und Bälle ausleihen. Meine Frau war auf keines von Beiden, sie konnte weder Fußball noch Tennisspielen und wäre zum Schluss nicht mehr fähig dazu gewesen.

Die Arbeitstherapie war eigentlich nichts anderes, als das die Patienten verschiedene Aufgaben bekamen, zum Beispiel, in ihrer Station die Tische ein paar Mal am Tag abzuwischen, die Aschenbecher ausleeren und reinigen. Die Spülmaschinen ein und ausräumen oder in der Küche mithelfen und noch viele weitere Aufgaben. Für ganz stabile Patienten, das BKH hatte ein Café, das Personal außer der Chefin waren nur Patienten vom Bezirkskrankenhaus, die Kuchen wurden alle selbst gebacken. Wer dort arbeiten konnte, das entschieden die Ärzte. Es gab noch viele weitere Aufgaben, die Patienten erledigen konnten und auch gerne angenommen wurden, denn die meisten wollten irgendwann aus ihrer Station herauskommen, mal etwas anderes tun und vor allem entlassen werden. Die ersten Jahre hatte meine Frau auch gewisse Aufgaben, die sie gerne verrichtete und gewissenhaft ausführte, aber keine dieser Therapien und Aufgaben hielten an. Zu Hause war alles vergessen und sie viel in ihren alten Trott zurück. Dann konnte sie plötzlich nichts mehr tun und war sofort wieder sterbenskrank. Dass, sie nach ein paar Wochen nicht mehr die Tagesstätte besuchen konnte.

Es gab auch ein Biofeedback, das zur Entspannung diente, meine Frau musste dort die ersten Jahre jede Woche hingehen, was bei ihr gut ankam. Aber kam sie mit ihren Eltern zusammen, war alles wieder vergessen und vorbei, ihre Eltern fanden einfach für solche Therapien keinen Sinn und redeten alles schlecht. Sie sagten zum Beispiel zu ihr: „Für was soll so ein Scheiß schon helfen, das ist nicht gut für dich." Dann gaben sie ihr meistens ihre Tabletten und meinten, die sind besser für sie und helfen für alles und sie bräuchte keine so blöden Therapien, die nichts bringen. Diese Biofeedbacktherapie war für Depressionen, Angst und Schmerzen vorgesehen. Da komme ich auf ein Thema zurück, der gute Arzt hätte da wieder recht behalten, weit weg und die Wirkung der guten Therapie würde anhalten.

Dann gab es eine Psychotherapie, die stabile Patienten durchzogen, die meisten machten es von der Tagesstätte aus. Wenn meine Frau eine solche Therapie außerhalb des BKH begann, wurde sie meines Erachtens vom Schwiegervater verhindert, dass ich schon beschrieben habe. Warum weiß ich bis heute nicht, ich hatte nur eine Vermutung.

Dann wurde noch eine Musiktherapie und Kunsttherapie angeboten, diese besuchte meine Frau nie. Ich denke, dafür war Brigitte nicht geeignet und hatte auch kein Interesse dafür, damit machte es keinen Sinn.

Die Kirche konnten alle, wenn sie auf der offenen Station waren zu jeder Zeit besuchen, die in der Geschlossenen, konnten einmal am Sonntagvormittag in einer Gruppe mit Aufsicht zu einer Messe gehen, natürlich gingen alle mit, obwohl sie kein Interesse hatten in eine Messe zu gehen, denn sie waren alle froh, wenn sie einmal herauskamen aus dem großen Gefängnis. Aber wie überall, wer mitgehen durfte, entschied der behandelnde Arzt.

Aber die letzten Jahre, konnte meine Frau kaum mehr irgendwo mit hingehen und bekam keine Aufgabe mehr, sie hatte kaum mehr Therapien, dafür aber eine große Liste von Tabletten, das meiste davon war Psychopharmaka, sie war nur noch ruhiggestellt, es war ihr nicht mehr möglich überall teilzunehmen. Was hatte dieses Krankenhaus, die Ärzte und diese Krankheit, aus meiner Frau gemacht, sie war kaum mehr wieder zu erkennen, sie war ein Schatten von dem, was sie einmal war. Ich konnte es kaum mehr mit ansehen, mir waren die Hände gebunden, sie hätte dringend das Krankenhaus gebraucht, indem sie heute ist und viel besser leben kann. Warum geht es da und nicht in unserem Bezirkskrankenhaus?

Kapitel 10
Psychotherapie

Brigitte versuchte immer wieder eine Psychotherapie durchzuhalten, aber sie scheiterte, wie so oft an sich selbst. Die Therapeutin war sehr gut, sie war mit Brigitte sehr geduldig und arbeitete mit ihr immer weiter, obwohl sie für diese Therapie noch gar nicht geeignet war. Die Therapeutin sah trotzdem bei ihr eine Chance, weil man mit ihr gut arbeiten konnte, damit sich gegen ihre Eltern besser durchsetzen und endlich „Nein" sagen könnte, daraufhin würde sie besser und leichter leben und eigene Entscheidungen treffen können. Sie schaffte es sogar mit Atemübungen, dass meine Frau ihre schizophrenen Schübe verdrängen konnte. Aber mein Schwiegervater hatte etwas gegen eine Psychotherapie und so schaffte er es immer wieder, dass er heimlich ihr die verbotenen Tabletten zusteckte. Er war der Meinung: „Weil die besser seien, als so ein blödes Geschwätz."

So kam es, bevor die Therapeutin mehr erreichen konnte, dass meine Frau in die geschlossene Station kam, denn sie wollte mit Hypnose in ihre Kindheit vordringen, um nach der Ursache der Krankheit zu suchen und mit ihr dann daran arbeiten. Gerade das störte ihrem Vater und das wollte er sehr wahrscheinlich verhindern, warum, das frage ich mich heute noch? Ich hatte meine Frau gebeten, dass sie ihrem Vater von dem Vorhaben der Therapeutin nichts sagen sollte, aber sie hatte es anscheinend immer wieder ihm verraten, was in der Psychotherapie ablief.

Es war schon eigenartig, wenn meine Frau in dieser Therapie etwas erreicht hatte und die Therapeutin einen Schritt weiter gehen wollte, dann kamen die Tabletten ins Spiel und meine Frau war wieder in ihrem Gefängnis, in der Geschlossenen, sie hasste die Station. Brigitte war sehr stolz, wenn sie in diesen Sitzungen etwas erreichte und die Therapeutin sie lobte, sie erzählte es mir, aber anscheinend mit einer gewissen Euphorie auch dem Verkehrten. In der Psychotherapie wurde oft genug darauf hingewiesen, dass sie die Tabletten von ihrem Vater nicht nehmen sollte und sich nicht von ihm beeinflussen lassen sollte. Aber auch das konnte die Therapeutin nicht verhindern, dass ihr Vater sie immer wieder beeinflusste und das war leider nicht zu ihrem Vorteil.

Ich war nur bei den ersten beiden Sitzungen anwesend, ich wollte, dass die Therapeutin alleine mit ihr arbeiten konnte, ich glaubte meiner Frau, dass für sie die Psychotherapie sehr schwierig war und dass sie das belastete. Meine Frau wusste, dass so eine Therapie nicht einfach werden würde, aber wenn sie es geschafft hätte, dann wäre sie vielleicht ein anderer Mensch geworden und sie hätte ihr Leben besser meistern können, vielleicht wäre dann alles ganz anders verlaufen. Ich denke, sie hätte damals ihre Chance nutzen müssen, sie hätte es bestimmt geschafft, denn sie hatte ziemlich viele Sitzungen gemacht und die Therapeutin wollte sogar mit einer Hypnose anfangen und in ihre Kindheit vordringen, dann kam plötzlich ihr Vater mit diesen blöden Tabletten dazwischen und die ganze Arbeit der Therapeutin war dahin. Damals hatte ich mich sehr darüber geärgert und ich konnte nichts dagegen tun.

Ich fragte mich, hatten ihre Eltern Angst, wenn Brigitte alle Psychotherapie Sitzungen durchzog, dass sie sich von ihnen abwenden und daraufhin ihr eigenes Leben führen könnte oder es wären Ereignisse aufgetaucht, die verschollen bleiben sollten? Ich war mir ziemlich sicher, dass in Brigittes Leben irgendetwas geschehen war, dass niemand, außer ihre Familie wissen sollte. Ihr Vater hatte ein schlimmes Geheimnis gehütet, dass auf keinen Fall ans Tageslicht kommen sollte, darum wurde mit aller Macht daran gearbeitet, dass meine Frau die Psychotherapie nie zu Ende bringen konnte, er hatte es immer raffiniert eingefädelt, dass Brigitte die Tabletten einnahm und ich nichts dagegen unternehmen konnte, somit bemerkte ich es immer, wenn alles zu spät war und sie ins Bezirkskrankenhaus gebracht wurde.

Ich versuchte schon lange herauszufinden, das hatte ich in Band 1 beschrieben, warum hatte meine Frau Narben an ihrem Rücken und die waren nicht gerade klein, was ist damals in ihrer Kindheit vorgefallen? Die Geschichte, die damals mir meine Frau erzählte, war nur eine ausweichende Antwort, die konnte ich nicht so stehen lassen und auch die Frage wollte die Psychotherapeutin beantwortet haben.

Ich war mir ziemlich sicher, wenn meine Frau die Psychotherapie zu Ende gebracht hätte, dann wäre Brigitte ein ganz anderer Mensch geworden, sie wäre selbstständiger und selbstsicherer geworden. Genau so, als ich damals meine Brigitte kennengelernt hatte, sie konnte sich selbst verteidigen, sie war stolz auf sich selbst. Ihre Eltern konnten ihr damals nichts vorschreiben und vorwerfen. Das versprach alles die Therapeutin, sie hätte zwar sehr lange an ihr arbeiten müssen, aber sie hätte weiter gemacht, bis das Ziel erreicht war und danach hätte die Therapeutin trotzdem noch weiter Sitzungen gehalten, bis sie sich sicher gewesen wäre, dass sie das alles einhalten würde und keinen Rückfall mehr befürchten müsste. Die Therapeutin hatte nicht nur meine Frau behandelt, denn sie hatte schon sehr viele solche Patientinnen behandelt und hatte große Erfahrung damit und ihre Meinung war, es wäre zu schaffen, wenn meine Frau richtig mitmachen würde.

Es war ein Traum, wenn das geklappt und die ganze Familie, das unterstützt hätte, dann wäre alles gut abgelaufen und sie hätte bestimmt ihre Psychotherapie zu Ende gebracht. Sie hätte eine Familie gebraucht, die ihr in solchen schwierigen Zeiten Mut zusprach und ihr Vorhaben befürworteten. So eine Unterstützung wäre dringend nötig gewesen. Aber so etwas hatten wir nicht, Brigitte und ich waren in diesen Angelegenheiten Einzelkämpfer und zum Scheitern verurteilt.

Aber wenn ich die Zeit zurückdrehen könnte, ich würde mit ihr noch einmal so eine Psychotherapie versuchen und würde nach einer anderen Lösung suchen, damit die Therapie ungestört durchgezogen werden könnte, vielleicht keinen Kontakt zu ihren Eltern, das wäre mit Sicherheit der entscheidende Punkt. Wir hätten unseren Hund ihm nicht anvertrauen dürfen, dann wäre vieles ganz anders abgelaufen. Sie hatte später noch eine Psychotherapie erfolgreich und ungestört, komplett durchgezogen, das schreibe ich in einem anderen Kapitel, in einem anderen Krankenhaus, weit weg von allem.

Kapitel 11

Tabletten

Diese Tabletten, die Brigitte einnahm, war eine lange Liste von Psychopharmaka, die angeblich zusammenwirken sollten, damit sie ihr Leben ungehindert bewältigen konnte. Das brachte aber wirklich nur ein Arzt zustande.

Dann wurde meine Frau ein Versuchskaninchen der Pharmaindustrie, das kann ich wirklich behaupten, immer wieder wurden neue Tabletten versucht, von verschiedenen Pharmaindustrien, verschiedene Farben und Größen, alles war dabei und immer wieder schwärmten die Ärzte von den neuen, guten Tabletten, dass was sie bewirken sollten. Aber nichts geschah, nur, dass es meiner Frau immer schlechter ging. Mit dieser Menge von Tabletten hätte man einen Elefanten umlegen können. Brigitte stand nur noch neben sich, was ich des Öfteren im Buch beschrieben habe, Speichel lief ihr aus dem Mund, ihr Fuß zuckte ununterbrochen, was wir von den Ärzten zu hören bekamen, war: „Das sind nur die Nebenwirkungen, das gibt sich mit der Zeit." Aber nichts gab sich, meiner Frau lief der Speichel ununterbrochen aus dem Mund und der Fuß zuckte weiter. Aber das interessierte diese Ärzte überhaupt nicht, sie meinten nur, sie könnten die Tabletten nicht mehr umstellen, das würde zu lange dauern.

Man sollte diesen Ärzten die Tabletten geben, die so anpriesen wurden, ich möchte sehen wie sie das finden, wenn sie das Gleiche zu spüren bekommen, was meine Frau durchgemacht hatte, dann sagen wir zu ihnen, das sind nur die kleinen Nebenwirkungen und man könne die Tabletten nicht mehr umstellen, das dauert zu lange, sie müssen in Zukunft damit leben. Ich möchte hören, was sie daraufhin sagen würden?

Was meine Frau sehr lange Zeit einnahm, hieß Tavor, da nahm sie eine ganze Menge davon und eine davon hatte 1 mg, in der Frühe, so viel ich noch weiß, zwei Stück, mittags eine und abends eine. Später bekam sie dann, Risperdal dazu, ich hatte den Eindruck, dass dieses Zeug nicht besser war, als das Andere. Dann hatte sie eine zum Schlafen und sie hatte zur jeder Tabletteneinnahme eine Magentablette in ihrer Box, das brauchte sie bei dieser Menge Tabletten sicherlich. Sie wurde dann immer wieder umgestellt, dass ich diese vielen verschiedenen Namen, der Tabletten nicht mehr merken konnte. Im Prinzip war das bestimmt nichts anderes, als vorher, vielleicht nur billiger und die Pharmaindustrie verdiente sich dumm und dämlich.

Es standen auf Brigittes Tablettenliste immer wieder neue Tabletten drauf und sodass unsere Apothekerin wieder Neue bestellen musste, ich holte sie immer in derselben Apotheke, so wusste ich, dass sie mit Sicherheit vorrätig waren.

Diese Ärzte hatten meines Erachtens den Darmverschluss meiner Frau auf den Gewissen, was auch die Notärzte sagten, die sie damals abholten und in die Notaufnahme brachten. Damals hatten die Tabletten auch Nebenwirkungen, die die Ärzte einfach ignorierten und der berühmte Satz immer fiel, man könne die Tabletten nicht so einfach umstellen: „Sie müsse selbst zusehen, dass, sie das mit ihrem Stuhlgang in Griff bekomme." Unsere Apothekerin sagte jedes Mal, als wir kamen: „Das Krankenhaus müsse unbedingt die Tabletten umstellen, sonst bekäme sie mit Sicherheit einmal einen Darmverschluss und müsse operiert werden."

Der Darm wurde immer träger und sie musste immer öfter einen Einlauf bekommen und plötzlich ging gar nichts mehr und sie musste schnell notoperiert werden, damit der Darm nicht platze. Aber selbst das interessierte den Psychiatern nicht, das waren halt die Nebenwirkungen, das muss man einkalkulieren. Aber die Ärzte, die operiert hatten, setzten sich ein, dass sie dieselben Tabletten nie mehr einnehmen musste, aber sie bekam dann keinen besseren Ersatz, sie alle hatten Nebenwirkungen und keine Kleinen. Die Notärzte kamen ins BKH und besuchten meine Frau und schauten nach, wie es ihr ging und erschraken, wie meine Frau neben sich stand und kontrollierten welche Tabletten sie jetzt einnahm. Anscheinend wussten sie, wie es im BKH ablief, sonst wären sie bestimmt nicht gekommen.

Ich weiß nicht, was die Ärzte für Tabletten verabreichen durften, mir kam es auf jeden Fall so vor, dass sie nicht jede gewünschte Tablette einfach einsetzen durften, war ihnen eine bestimmte Liste von Tabletten vorgegeben? Durften sie nur die den Patienten geben, obwohl es vielleicht viel bessere gegeben hätte? Machte ihnen eine Pharmaindustrie Vorschriften oder der Leiter des BKH? Mussten die Patienten deswegen alles ausbaden? Was lief da ab? Viel später erfuhr ich, dass es eigentlich auch anders ging, viel besser und das in einer anderen Klinik, aber das in einem anderen Kapitel.

Wenn ich das alles gewusst hätte, was ich jetzt weiß, würde ich einiges anders machen, das sagte ich mir immer wieder, aber was könnte ich machen, gar nichts? Wenn meine Frau nach einem Suizidversuch automatisch in das BKH gefahren wird, wenn sie sich selbst eingeliefert hat? Was könnte ich da machen? Dann hätte ich keine andere Möglichkeit, man kann nur immer wieder hoffen, dass es einmal besser werden würde. Auch mit anderen Tabletten, die ein anderer Arzt aufschreibt. Man ist diesen Ärzten ausgeliefert und das wissen sie, auch wenn der Angehörige dabei ist.

Ich hoffe, dass es heute nicht mehr so ist, wie damals und das es in anderen BKH´s besser ist, als in diesem. Das mit Psychopharmaka viel besser und verantwortungsvoller umgegangen wird. Diese Patienten brauchen die Tabletten, aber die Richtigen und das besser auf die Nebenwirkungen geachtet wird. Es ist für die Ärzte bestimmt nicht einfach, ihre Patienten richtig zu behandeln, aber für den Patienten ist es auch nicht einfach mit den falschen Tabletten zu leben. Für sie beginnt sonst ein Kreislauf aus dem sie nicht mehr so einfach herauskommen.

KAPITEL 12

Brigittes Eltern

Dieses Kapitel müsste auch Tabletten heißen, weil ihre Eltern glaubten, dass sie sich gut mit Tabletten auskennen, viel besser als jeder Arzt. Sie schrieben sogar dem Hausarzt vor, welche Tabletten er ihnen zu verschreiben habe. Diese Eltern wussten immer, welche Tabletten, für welches Wehwehchen eingenommen werden musste. Sie hatten zu Hause einen großen gefüllten Arzneischrank, eine komplette Apotheke.

Brigittes Eltern wollten immer über allen stehen, sie wollten immer nach außen hin, als jemand Besseres dastehen. Ihr Vater musste immer das größte Auto fahren, damit er angeben konnte, aber für seine Tochter hatte er nie etwas übrig. Oft bekamen wir von ihnen nur gebrauchte Geschenke, mehr war ihre Tochter für sie nicht wert. Wie schon erwähnt, immer mit fremden Lorbeeren angeben, dass konnten die Eltern sehr gut und ihre Tochter schämte sich dafür.

Als ihre Tochter krank wurde, wollten ihre Eltern es nicht wahr haben, dass sie diese Krankheit hatte. Sie wollten später diese Krankheit verleugnen und sagten immer wieder: „Unsere Tochter hat in diesem Irrenhaus oder Klapse nichts zu suchen." Wenn Brigitte bei ihnen war und ich in der Arbeit war, nahmen sie oft ihre Tabletten weg und gaben einfach welche von ihnen, zum Beispiel, die ich schon öfters erwähnt hatte. Warum? Welche Eltern machen so etwas? Statt zu helfen, dass es meiner Frau besser ging, machten sie genau das Gegenteil. Was war dann die Folge, sie brachten schnell ihre Tochter nach Hause und ich musste sie ins BKH bringen, dann war ich der Schuldige, dass sie wieder eingewiesen wurde, in eine geschlossene Station. Dass der Notarzt in ihre Wohnung kam, das ging natürlich nicht, die Nachbarn könnten über sie reden. Hätten sie ihrer Tochter geholfen, dann hätte ich es viel leichter gehabt und ihre Tochter hätte keinen schizophrenen Schub bekommen. Sie hätte kein Krankenhaus gebraucht.

Stattdessen versuchten sie den Ärzten im BKH vorzuschreiben, welche Tabletten sie verschreiben müssten und ihre Tochter sollte sofort entlassen werden. Dass sie sofort nach einem Selbstmordversuch wieder aus der Geschlossenen herauskam, so etwas konnten sie nicht erwarten und dann hätten sie meine Frau mit Sicherheit wieder zu mir gebracht, was hätte ich daraufhin gemacht oder was wäre mir übriggeblieben? Ein Suizidversuch wäre bestimmt die Folge gewesen und dann? Brigitte wäre mit Sicherheit sofort wieder in der Geschlossenen gelandet. Was wollten sie damit erreichen? Die hätten mit ihrem Eigensinn uns nur geschadet und ihrer Tochter am meisten.

 Wenn der Schwiegervater wirklich etwas verheimlicht hatte, von Brigittes Kindheit, was anzunehmen war. Denn wie ich schon beschrieben hatte, war er in dieser Zeit Vollalkoholiker und meine Frau hatte Narben am Rücken, was war da wirklich geschehen? Warum machte er nicht reinen Tisch und half damit seiner Tochter, sie hätte bestimmt dann eine richtige Psychotherapie machen können und ihre Krankheit wäre ganz anders verlaufen. Warum, wovor hatte er Angst, hatte er ihr etwas sehr Schlimmes angetan? Reinen Tisch machen, das wäre die richtige Hilfe gewesen, stattdessen hatte ihr Vater immer versucht eine Psychotherapie zu verhindern, warum? Wenigstens kurz vor seinem Suizid hätte er seine Karten offen auf den Tisch legen können und zugeben müssen, was er ihr angetan hatte. Was er damals tat, war sehr Feige, einfach sich so vor der Verantwortung zu drücken und in den Tod gehen, war für ihn die einfachste Lösung. Aber nach seinem Tod wurde Brigitte in einem anderen Krankenhaus richtig gut behandelt.

 Ihre Mutter verhielt sich im Hintergrund, aber schaffte doch an. Ihr Vater war immer nur der Ausführende. Aber mit seinen Tabletten, das machte er nur alleine, obwohl, es oft selbst der Mutter nicht passte. Warum half ihre Mutter nicht und machte reinen Tisch, aber sie schwieg genauso, was war, dass für eine Mutter, sie hätte doch zu ihrer Tochter stehen müssen? Vielleicht hatte ihre Mutter Angst, alleine im Leben zu stehen, keine Hilfe und kein Geld zu haben. Schon der ganze Verlauf Brigittes Kindheit war keine gute

Zeit und zeigte viele Rätsel auf. Genauso, wie oft waren sie im BKH, das konnte man bestimmt an zwei Händen abzählen, warum? Sind das Eltern? Brigitte sagte oft im BKH: „Meine Eltern besuchen mich überhaupt nicht mehr." Hatten sie Angst, sie könnten wieder bei den Ärzten etwas Falsches sagen, oder es ist einfach, jemand anderen die Arbeit machen zulassen und hinterher zu meckern, statt gemeinsam an einem Strang zu ziehen. Das hätte Brigitte gutgetan und der ganzen Familie. Vielleicht hätte das Brigittes Psyche gestärkt und sie hätte sich besser gegen ihre Krankheit wehren können.

Brigitte muss Gott sei Dank, die Schuld ihrer Eltern nicht ewig büßen, denn das spätere Krankenhaus konnte ihr helfen und ihre Krankheit lindern. Meiner Meinung nach, hatte sie eine große Chance, ihr Leben ganz normal zu führen. Wenn, besonders ihre Eltern geholfen hätten oder mitgemacht hätten. Ich hätte es auch viel leichter gehabt und vor allem ein ruhigeres Leben.

Ihr Vater nahm sich das Leben, warum machte er das und warum hatte er vorher nicht seiner Tochter geholfen? Er nahm alle seine furchtbaren Geheimnisse mit ins Grab, auf jeden Fall konnte man sagen: „Er war genauso psychisch-krank, wenn nicht schlimmer." War er schon immer psychisch-krank, hat er sich deshalb immer so verhalten? Hatte Brigitte das furchtbare Erbe von ihrem Vater bekommen? Das war anzunehmen, dass sie die Gene von ihrem Vater hatte und darum Leiden musste. Ich hielt ihn schon damals für psychisch-krank, als er seinen kleinen Hund für sein Enkelkind sah und das seiner Tochter am Krankenbett sagte. Sie hatte vor einer Stunde ihr Kind verloren und war noch fix und fertig, wie Krank muss man sein, so etwas zu tun. Ich würde sagen, total durchgeknallt.

Er wäre, wenn er es nicht geschafft hätte, in das gleiche Irrenhaus oder Klapse gekommen, wie seine Tochter, so schön wie es die Schwiegereltern immer gesagt haben. Ich denke, das wäre die gerechtere und bessere Strafe für ihn gewesen. Brigitte wäre dafür für immer herausgekommen und ihn hätten sie für immer einsperren müssen und auf keinen Fall mehr entlassen. Aber das ist die Gerechtigkeit, mit der wir immer Leben und auskommen müssen.

Ich kann mir zu diesem Thema nur vorwerfen: „Ich hätte den Hund nicht zulassen dürfen und so wären ihre Eltern nie in unsere Wohnung gekommen, aber wer konnte ahnen, dass alles so ausgehen würde. Dass, sie sich voll in unsere Ehe einmischten und damit ihre Tochter krank machten." So wäre sie nie von den vielen starken Tabletten fertiggemacht worden, sie hätte nie so grausam leiden müssen. Meiner Meinung nach, hatten ihre Eltern, das so geplant und wir mussten somit unbedingt einen Hund haben. Auf jeden Fall hätte ich viel früher eingreifen müssen und sie viel früher aus unserer Wohnung hinausschmeißen sollen. Heute würden sie unsere Wohnung nie mehr betreten. Vielleicht wäre diese furchtbare Krankheit später ausgebrochen oder vielleicht überhaupt nicht?

Kapitel 13

Brigitte

Die arme Brigitte war immer die Leidtragende, sie musste immer alles ausbaden. Meist, wenn es ihr einmal besser ging und ihre Krankheit im Griff war, gab ihr Vater seine Tabletten und es ging ihr daraufhin sehr schlecht, dass sie zurück ins Bezirkskrankenhaus musste, in die Geschlossene. Ich möchte diese Aufenthalte nicht zusammenzählen, die sie dort verbrachte. Es kämen bestimmt einige Jahre zusammen, die sie in diesem Krankenhaus verbrachte. Aber einige Einweisung müssten bestimmt nicht sein.

Ich möchte behaupten, dass, wenn die gesamte Familie an einem Strang gezogen und uns unterstützt hätte, wäre eine vernünftige Psychotherapie drin gewesen, manche Ärzte hätten daraufhin anders behandelt, es wäre ihr wesentlich besser gegangen, alles wäre ganz anders abgelaufen und ein besseres Leben wäre drin gewesen.

Aber da kommen noch einige andere Punkte zusammen, die ich nicht verstehe. Meiner Frau ging es gut, bis zu einem gewissen Zeitpunkt. In dieser Zeit hatten wir unser Leben ganz alleine geführt. Wir waren sehr viel mit unseren Freunden unterwegs und waren total unabhängig. Dann kam Nelli ins Spiel, die arme Kleine konnte absolut nichts dafür. Daraufhin kam ihr Vater jeden Tag in unsere Wohnung und bald darauf ging es meiner Frau immer schlechter und sie machte ihren ersten Selbstmordversuch. Ich denke, dieser Zeitpunkt ist ein ganz entscheidender in Brigittes Leben und in meinem.

Hätten wir uns keinen Hund zugelegt, wie wäre unser Leben daraufhin verlaufen, wäre alles besser gewesen, hätte sie keine Depressionen bekommen, oder wäre die Krankheit später gekommen, oder nicht so schlimm? Das ist eine gute Frage, auf die mir keiner eine Antwort geben kann?

Aber warum war meine Frau immer so hörig auf ihrem Vater und machte Sachen, die sie im Prinzip selbst nicht wollte? Sie hatte buchstäblich vor ihm Angst. Warum führte sie nicht ihr eigenes Leben weiter, so wie wir es früher hatten, vielleicht wäre die Krankheit gar nicht ausgebrochen? Warum unternahm sie nichts und konzentrierte sich auf ihre Genesung? Immer wenn es ihr zu gut ging, kam wieder der Absturz. Forschte ich nach, war meist der Schwiegervater schuld, mit seinen blöden, komischen Tabletten, die ihn vielleicht selber in den Tod getrieben haben? Aber sie machte nur die Dinge, wenn sie glaubte, ich weiß nichts davon, wenn es ihr daraufhin schlecht ging, verriet sie ihn doch. Ich konnte den Kontakt mit ihrem Vater einfach nicht abstellen, ich hätte nicht mehr zur Arbeit gehen dürfen. Er nutzte jede günstige Gelegenheit aus und ich hatte meistens ein Problem.

Sie machte Bewegungstherapien, Psychotherapien, Beschäftigungstherapien, alles was ihr guttat. Sie hatte Spaß daran und zeigte mir, an was sie gerade bastelte oder malte und wir hofften, dass diesmal alles besser werden würde. Aber wie jedes Mal, sie stürzte ab und sie war dort, wo sie eigentlich nicht sein wollte.

Brigitte hätte sich gegen ihre Eltern durchsetzen müssen und das alles durchziehen, was sie für richtig hielt, dass es mit ihr aufwärts gegangen wäre, konsequent hätte sie ihre Therapien durchführen sollen. Dann wäre alles anders gekommen. Aber da Brigitte krank war, hatte sie sehr wahrscheinlich kein Durchsetzungsvermögen mehr, sie konnte sich nicht wehren und konnte nicht mehr, „Nein" sagen. Sie war verdammt, dieses Leben zu führen, obwohl sie es hasste, sie mochte manchmal sich selbst nicht, dass sie, wie so oft einen Suizid versuchte und in die Geschlossene zurückkam, aber sie konnte nicht anders.

Es spielen aber in Brigittes leben noch mehrere Dinge eine Rolle, da waren die vielen Fehlgeburten, aber auch hier spielte der Schwiegervater eine große Rolle, denn er wollte mit aller Macht Opa werden, bei ihrer letzten Fehlgeburt verletzte er seine Tochter schwer psychisch, indem er sagte, das sein kleiner Hund jetzt sein Enkelkind sei. Wie furchtbar muss das für meine Frau gewesen sein, das darf man doch nicht aussprechen. Warum ist da nicht ihre Mutter eingeschritten? Es ist doch ihr Kind, ich verstehe es bis heute nicht. Das war bestimmt ein wichtiger Grund, warum meine Frau krank wurde: „Unbedingt wollte sie beweisen, dass sie ein Kind auf die Welt bringen und ihren Vater glücklich machen kann." Aber es lief nicht so, wie es sein sollte. Warum wollte sie das unbedingt, ich habe ihr gesagt: „Wir können uns das Leben auch ohne Kinder schön machen." Was war in der Familie nicht in Ordnung, so wie es mein Vater gesagt hatte, aber was? Das Verhalten war oft mehr als merkwürdig. Welche Eltern verstoßen ihr Kind, nur, weil sie kein Enkelkind bekamen? Sie bekam nie eine richtige

Liebe von ihren Eltern, sie musste nur das tun, was sie wollten, nur das akzeptierten sie, mehr nicht.

Nach einigen Krankenhaus Aufenthalten kam noch dazu, dass sie von den Ärzten nie mehr richtig mit Tabletten eingestellt wurde, die Nebenwirkungen der Tabletten machten ihr schwer zu schaffen, daraufhin meldete sich der Darmverschluss und es ging mit ihr nur noch abwärts. Sie hatte keine Kraft mehr sich zu wehren, um wieder auf die Füße zu kommen, an eine Psychotherapie war gar nicht mehr zu denken.

Sie wurde von allen alleine gelassen, die Ärzte und Psychiater halfen ihr nicht, ihre Eltern besuchten sie im BKH kaum, die Besuche in einem Jahr konnte man bestimmt an einer Hand abzählen. Wenn ich nicht für sie dagewesen wäre, sie wäre ganz alleine in dem beschissenen Krankenhaus gewesen. Sie hatte kein glückliches Leben mehr, es kam ein bipolarer Schub nach dem Anderen, sogar mehrere an einem Tag. Sie kam kaum mehr auf die Füße. Aber sie bekam wieder bessere Zeiten und das in einem anderen Krankenhaus.

Kapitel 14
Mein Vater

Als ich meine Frau Brigitte kennengelernt hatte und wir jung und frisch verliebt waren, war alles bestens. Meine Frau war damals circa 17 Jahre alt und ich war 19 Jahre alt. Sorgen kannten wir in dieser Zeit kaum. Sie machte eine Friseurausbildung und ich machte meine Maschinenschlosserausbildung fertig. Nach ein paar Monaten, als ich meine junge Liebe mit nach Hause nahm und sie meinen Eltern vorstellte. War mein Vater etwas komisch, als er ihren Familiennamen hörte und wer ihr Vater war? Später lernte ich ihre Eltern kennen und dachte mir, die sind ganz nett. Meine Eltern sagten nichts weiter dazu, vielleicht dachten sie, dass meine Liebe zu ihr nicht so lange dauern würde, aber da täuschten sie sich. Die Liebe dauerte sehr lange.

Nach ein paar Monaten, sagte mein Vater zu mir, er würde mit dieser Frau, nicht länger zusammen bleiben, mit ihr ist etwas nicht in Ordnung und mit ihren Eltern erst recht nicht. Ich merkte natürlich nichts und dachte mir nichts dabei. Ich fragte natürlich, was nicht stimmen sollte. Er sagte daraufhin nur: „Ich kann es dir nicht sagen, es stimmt einfach etwas nicht, ich weiß es nicht, was es ist, aber ich merke, mit dieser Frau wirst du dein ganzes Leben nicht glücklich sein." Wie recht er hatte und ich dachte: „Was redet mein Vater für einen Blödsinn, meiner Freundin fehlt doch nichts, was soll da sein." Vor unserer Hochzeit hatte er das gleiche gesagt, aber auch da sagte er nur, dass etwas nicht stimme, aber nie was?

Warum habe ich nicht auf ihn gehört? Dann wäre alles anders gekommen. Aber ich sah zu diesem Zeitpunkt eine gesunde Brigitte, wir dachten uns: „Was solle uns schon passieren." Wir genossen unsere gesunde Zeit und waren sehr verliebt. Als mein Vater sagte: „Mit ihren Eltern stimmt etwas nicht." Konterte ich: „Ich heirate meine Frau und nicht ihre Eltern." Das war damals ein großer Fehler, den ich nie mehr gut machen konnte.

Hätte ich nur auf meinen Vater gehört, wäre es nie dazu gekommen, dass ich diese furchtbaren Erlebnisse ertragen müsste. Aber was wusste er? Was wusste er, über ihren Vater und ihrer Mutter? Diese Dinge hat er mir immer verschwiegen, warum?

Aber im Nachhinein, waren früher einige Vorfälle, die mich nachdenklich machen sollten. Sie durfte nie alleine zu Hause verbringen, wenn ihre Eltern fortgefahren waren, Brigitte hatte nie Hausschlüssel bekommen, dass sie etwas holen könnte, wenn sie etwas brauchte, waren darin einige Geheimnisse versteckt? Ich war natürlich damals froh, als ich sie über Nacht bei mir hatte. Es gab viele komische Situationen, die mich nachdenklich machen sollten, warum lernte ihre Mutter ihr nie das Kochen und den Haushalt zu machen? Dazu kam, woher hatte sie diese Narbe am Rücken? Was hatte sie durchmachen müssen?

Also ich muss eingestehen, ich habe schon in meiner Jugendzeit Fehler gemacht. Aber ich denke: „Ich war jung und verliebt und wahrscheinlich, wenn ich wieder jung wäre, würde ich bestimmt wieder die gleichen Fehler machen." Aber ich muss eingestehen, die ersten Anzeichen waren da und die sah ich nicht oder ich wollte sie nicht sehen. Mein Vater hatte das Feingefühl und wusste: „Dass in dieser Familie etwas nicht stimmte und ich habe seiner Erfahrung nicht geglaubt." Er hatte eine bessere Menschenkenntnis, als ich, er hatte mehr Erfahrung als ich und die nutzte ich nicht, ich glaubte, ich weiß alles besser und später wurde ich dafür bestraft.

Aber welche Fehler hatte meine Frau gemacht. Sie hatte sich die falschen Eltern herausgesucht und hatte die falschen Gene bekommen. Sie hatte absolut keine Chance gehabt. Die Arme, musste alles über sich ergehen lassen und wurde dafür noch mit dieser Krankheit bestraft.

Nur was war, mit dem Tod vom meinem Vater, das war wirklich seltsam, was da passiert war? Was hatten meine Frau und mein Vater in dieser Zeit für eine Verbindung? Woher wusste sie, bevor ich mit ihr telefonierte, dass er Tod war, eigenartig? Das werde ich nie mehr erfahren, ich will sie auch nicht danach fragen.

Brigitte und mein Vater hatten nie ein schlechtes Verhältnis, im Gegenteil, sie verstanden sich sehr gut und mein Vater behandelte sie wahrscheinlich sehr lieb, vielleicht tat sie ihm sehr leid, weil er ihren Vater mehr als gut kannte. Welches geheime Band hat sie verbunden, damit meine Frau genau spürte, dass er verstorben war. Nur welches Geheimnis teilten mein Vater und ihr Vater zusammen? Warum erzählte es mein Vater mir und meiner Frau nie, welches Geheimnis hatten sie zusammen? Wenn ich die Zeit zurückdrehen könnte, würde ich auf meinem Vater hören?

Kapitel 15
Zu Hause

Bis zu diesem Zeitpunkt, als sie den ersten, unerwarteten Suizidversuch gemacht hatte und wir unseren Hund Nelli bekamen, war alles bestens zu Hause, wir hatten ein schönes gemeinsames Leben, wir machten viele Reisen, fuhren Motorrad, hatten viele Freunde, sahen unsere Eltern nur ein paar Mal im Jahr und das war gut so. Als unsere kleine Nelli bei uns war, bekam ich immer öfter mit den Schwiegereltern Streit, meine Frau Brigitte bekam, dass von ihnen doppelt zurück. Ich flehte sie an, sie solle sich von ihren Eltern etwas zu distanzieren, aber sie wollte nicht. Daraufhin kam der schlimmste Tag, den ich je erlebt hatte, dass unser Leben total auf den Kopf stellte. Ich hatte es ausführlich in meinem ersten Buch erzählt.

Nach den ersten sehr langen BKH Aufenthalten und das in einer geschlossenen Station, war zu spüren, dass sie nicht mehr die Frau war, die sie einmal war. Aber sie kämpfte, sie wollte in ihr altes Leben zurückzukehren, aber später ging dies nicht mehr.

Warum gab sie sich später keine Mühe mehr, in ihr normales Leben zu kommen? Im Gegenteil sie machte immer wieder einen neuen Selbstmordversuch oder wies sich selbst in das Bezirkskrankenhaus ein. Sie sagte einmal zu mir: „Ich fühle mich da beschützt, da kann ich mir nichts antun, wenn ich zu Haus und in der Tagesstätte bin, da habe ich immer wieder eine Chance es zu tun." Das war wie ein Hammer, schafften es die Therapeuten nicht, ihren

Patienten beizubringen, dass sie wieder selbstständig wurden und alleine leben konnten, ohne einen Suizidversuch, wenigstens bis ihr Partner von der Arbeit zu Hause war. Das wäre eine große Hilfe gewesen, Hauptsache sie wurden schnell wieder entlassen, aber was wurde in den Therapien wirklich gemacht? Anscheinend Selbstständigkeit nicht. Ich konnte mich auf nichts mehr verlassen, ich hatte immer Angst, wenn sie für ein paar Minuten alleine war, dass sie es wieder versuchen würde.

Früher hatte meine Frau, immer irgendetwas in der Wohnung verändert und verschönert, so wie sie es wollte, sie fand es schön, etwas zu gestalten und wenn es nur eine Kleinigkeit war, aber dann mischten sich ihre Eltern in dieser Angelegenheit ein, vielleicht veränderte das Verhalten ihrer Eltern meine Frau? Als dann meine Frau krank war, war die Wohnung nur noch eine eiskalte Bude, das fröhliche Leben von ihr fehlte, das veränderte mich und unseren Hund, der plötzlich nicht mehr zu ihr hinwollte: „Angeblich spürt der Hund, wenn jemand psychisch-krank war und das mögen sie überhaupt nicht." Ich glaube, Frauchen war zu wenig zu Hause und das ließ Nelli ihr spüren.

Ich verstehe nicht, dass die Therapeuten so wenig unternahmen, bei solchen Patienten. Sie hätten die Patienten besser vorbereiten müssen auf das Leben zu Hause, gerade nach einem halben Jahr Krankenhausaufenthalt und dazu noch in einer geschlossenen Station, da konnte sie sich nichts antun, da war sie beschützt. In vier Stunden Ausgang höchstens pro Tag und Wochenendurlaub, zu Hause nichts tun dürfen, das reichte nicht aus. Plötzlich stehen sie zu Hause alleine da, mit ihren Depressionen, Angstzuständen und schizophrenen Schüben und der Partner ist nicht da, er ist in der Arbeit. Sie kam etwas früher und alleine von der Tagesstätte und hatte Angst oder Depressionen, was sollte sie tun, sie nahm nicht das Handy, was besser gewesen wäre, sie verständigte auch nicht ihren Therapeuten, was auch besser gewesen wäre, sie kaufte sich Bier, trank sich Mut an und tat das, was sie schon in der geschlossenen Station geplant hatte. Wer sollte das verhindern? Ich war nicht zu Hause, ich konnte es ihr nicht ausreden. Mit den Ärzten und Therapeuten zu reden, brachte absolut nichts, in dieser Situation hatte ich keine Chance und konnte nichts verändern, bestimmt auch heute nicht? Später in einem anderen Krankenhaus, wurde ihr das beigebracht!

Kapitel 16
Die vielen Selbstmordversuche

Das ist ein Kapitel mit sehr schlimmen Erlebnissen, ihr erster Selbstmordversuch mit einem Messer war mich der furchtbarste Versuch, erstens war er total unerwartet und vor allem, als ich sie so vor mir stehen sah, erschrak ich und konnte nicht glauben, was ich sah, sie war voller Blut und stand da, wie ein Häufchen Elend. Das kann man nicht so einfach wegstecken, das ging mir selbst an die Psyche. Es ging in mir ein Film ab und dieser kam jede Nacht, ich suchte nach Fehlern, die ich gemacht haben könnte, ich fragte mich: „Warum hatte sie das getan, habe ich etwas falsch gemacht?" Diese Fragen kamen mir immer wieder und mit einem Wimpernschlag war ich ganz alleine, niemand war da, der einem über die schwere Zeit hinweghalf. Ich war ganz auf mich alleine gestellt und Brigitte war ganz alleine in der geschlossenen Psychiatrie. Uns hatte das Leben für eine lange Zeit getrennt und ich fragte mich immer wieder, warum? Warum hatte sie das getan, welchen Grund gab es dafür?

Jeder ihrer furchtbaren und unerwarteten Selbstmordversuche verletzte nicht nur sie, sondern auch mich, jeder Versuch versetzte in mir schlimme Nadelstiche, die ich oft, nicht so einfach wegstecken konnte, denn ich liebte meine Frau nach wie vor und ich hätte eigentlich mit ihr alt werden wollen. Aber ich musste lernen, „dass, das Leben kein Wunschkonzert ist."

Besonders verletzten mich die Suizidversuche, bei der sie sich immer wieder schwer Verletzte und im Klinikum auf der Intensivstation landete. Die schlimmsten waren, als sie sich an einem Güterzug, die Hand schwer verletzte, oder, als sie alle Tabletten schluckte usw. Ich habe alle Suizide im ersten Band beschrieben. Dabei hatte es mich jedes Mal schwer seelisch verletzt. Es fiel mir immer schwerer, das alles wegzustecken. Es verletzte mich selbst, ich hatte schwer an mir zu kämpfen, ich sagte mir, ich kann meine Schwäche nicht zeigen, ich muss stark bleiben und für sie da sein, auch wenn es mir anders danach war. Ich konnte es nie verstehen, warum? Wenn die Nacht kam und ich mit meinem Hund alleine zu Hause war, kam in mir alles wieder hoch, ich sah alle Bilder noch einmal vor mir und ich konnte es nicht verarbeiten. Es war ein Albtraum, der mich nie in Ruhe ließ.

Brigitte verstand es immer wieder, mich schwer zu schocken, auch wenn sie es nicht wollte, denn sie wollte nicht mehr leben, aber sie schaffte es nicht. Ihre Ärzte meinten: „Es waren im Prinzip, immer nur Hilferufe." Aber damit machte sie mir das Leben schwer. Zum Beispiel, als sie in der Klinik am Ammersee untergebracht war und sich im See das Leben nehmen wollte, ich hatte den Führerschein dabei verloren und das Auto zu Schrott gefahren. Sie wurde mit Hubschrauber und einer Polizeistaffel gesucht. Ich sollte dafür viel Geld bezahlen, ich musste mich mit Sozialarbeiter, Polizei und so weiter herumschlagen, ich hatte nur Sorgen und Albträume. Das Gleiche machte ich mit dem Zugunglück durch, der Zug musste eine Notbremsung einleiten und ich sollte dafür aufkommen. Das sind einfach Belastungen, die mir das Leben zusätzlich noch schwer machten und ich fragte mich immer öfter: „Wie sollte es weiter gehen, was kommt als Nächstes?" Die Polizei kannte mich schon persönlich und sie fragten mich jedes Mal: „Was hat sie diesmal angestellt."

Aber sie machte immer weiter, der schwerste seelische Schmerz, den sie mir bereitete und mir dann lange zu denken gab, als sie sogar vor einem Suizidversuch fremd ging, es war schrecklich. Ich brauchte sehr lange dies zu verarbeiten, es machte mir das Leben immer schwerer mit dieser Krankheit umzugehen und zu ertragen. Die Ärzte sagten mir: „Das kommt öfters bei Suizidversuchen vor, ich solle mich am besten daran gewöhnen." Ich wollte mich aber nicht daran gewöhnen, ich wollte die Aussage von diesem Arzt nicht stehen lassen. Meine Frau hatte so etwas noch nie gemacht, ich wollte alles hinschmeißen und alles aufgeben, ich war am Ende und doch machte ich weiter und gab ihr noch eine Chance, diese nutzte sie nicht und machte weiter, da wo sie aufgehört hatte.

Oft konnte ich nicht mehr begreifen, warum, das so kommen musste. Ich haderte oft mit meinem Glauben und fragte mich, warum wollte uns Gott so hart bestrafen und ließ uns immer tiefer fallen. Kurz darauf kam der nächste Nadelstich und ich wusste nicht mehr, was ich tun sollte.

Nach diesen vielen Suizidversuchen, den vielen schlimmen Erlebnissen und vielleicht noch einem unerwarteten BKH Erlebnis, meine Frau noch dazu in der geschlossenen Station fixiert und ihr Arzt sagt zu mir: „Das wird bestimmt ein sehr langer Aufenthalt." Danach fuhr ich sehr nachdenklich nach Hause und fragte mich: „Wie lange halte ich das noch aus, bis ich selbst krank werde, ich fühle mich nur noch wie eine Maschine, die einfach so dahin rennt und nach der Uhr lebt, kaum Freizeit, keine Minute Zeit zum Ausspannen, was ist das für ein Leben, führe ich mit meiner Frau noch eine Ehe, haben wir überhaupt noch ein gemeinsames Leben?"

Nach diesen unzähligen Selbstmordversuchen verliert man den Glauben an die Ärzte und dem Bezirkskrankenhaus und zum Schluss an sich selbst, spricht immer wieder mit den Ärzten, was oft sinnlos schien, aber ich versuchte das Beste herauszuholen und hoffte, dass endlich das Richtige geschah und ich fragte mich daraufhin: „Können die nichts anderes, als ihre Patienten mit Tabletten volldröhnen und sie fixieren, ist das alles, was sie können? Nach so vielen Krankenhausaufenthalten sollten sie doch ihre Patienten kennen und wissen was zu tun ist." Aber ich hatte den

Eindruck, ich rede mit einer Wand und werde nie etwas erreichen. Aber nein, nach einer gewissen Zeit werden sie einfach entlassen und sie sagen sich einfach: „Vielleicht kommt sie so schnell nicht wieder, eine Zeitlang sind wir sie auf jeden Fall los, die Tagesstätte und der Angehörige werden sich schon um sie kümmern." Diesen Eindruck hatte ich oft und so wusste ich von Anfang an, was auf mich zukam. Ich weiß mit Sicherheit, wäre meine Ex-Frau noch heute in dem Krankenhaus, dann würde sie noch jedes Jahr, lange Zeit in der Geschlossenen sein, aber Gott sei Dank, befindet sie sich da nicht mehr.

Kapitel 17
Die Reha

Meine Frau sollte, obwohl sie chronisch-krank diagnostiziert war, eine Reha an einem großen See antreten, das wollte ich absolut nicht befürworten. Da ich meine Frau nicht geeignet für so eine Maßnahme hielt, sie war nicht stabil genug und trotzdem sollte sie dort hin. Ich dachte mir sofort: „Ich bin gespannt, was dabei herauskommt?" Es war eine Anstalt nur für psychisch-kranke. Ich dachte mir daraufhin, sie würden schon Wissen was sie tun.

Brigitte war ein paar Wochen in der Klinik, da wollten sie Kontakt mit den Angehörigen und Freunden für eine Zeit verbieten und ich sollte meiner Frau jeden Monat 1000 Euro überweisen, damit sie sich dort ein schönes Leben machen könnte. So viel Geld hatte ich nicht zur Verfügung und das konnte nicht überweisen. Da waren die Therapeuten in der

Anstalt nicht gerade erfreut. Sie meinten: „Dann muss ich Schulden machen und nach der Reha alles wieder abbezahlen!" Das tat ich auf keinen Fall, ich sah keinen Sinn darin: „Wenn meine Frau heim kommt und ich kein Geld mehr habe und sie das schöne Leben nicht mehr weiterführen kann. Würde sie daraufhin wieder krank werden?" Dass sie Besuchsverbot verordneten, das machte Sinn, wahrscheinlich wollten sie ungestört an ihr arbeiten.

Aber die Therapeuten rechneten mit meinem Schwiegervater nicht, der ließ sich nichts sagen. Deswegen hielt er sich an das Besuchsverbot nicht und fuhr ein paarmal die Woche dort hin und besuchte seine Tochter. Meine Frau sagte das mir irgendwann am Telefon, daraufhin sagte ich mir: „Wenn er es kann, dann will ich auch am Wochenende zu meiner Brigitte fahren." Vielleicht wäre es richtig gewesen, wenn das Besuchsverbot von uns generell eingehalten worden wäre, aber ihr Vater war eben gegen alles, was ihm nicht passte, so nahm er natürlich seine Tabletten mit und so war diese Therapie zum Scheitern verurteilt, bevor sie überhaupt richtig angefangen hatte.

Daraufhin nahm dann das Chaos seinen Lauf, meiner Frau ging es daraufhin sehr schlecht, vielleicht weil der Schwiegervater seine Tabletten ihr gab. Brigitte lief weg und versuchte sich das Leben zu nehmen, sie wurde mit allem gesucht, was zur Verfügung stand, mit Polizei und Militär. Ich sollte trotzdem sofort kommen und suchen helfen, was mir dann später den Führerschein kostete und das Auto nur noch Schrottwert war. Damit war ich eine Erfahrung reicher, dass selbst diese Klinik meine Frau nicht unter Kontrolle hatte und der Schwiegervater auch dort seinen Willen durchsetzte.

Ich hatte daraufhin großen Ärger mit der Klinik und sollte die Suche und den gesamten Klinikaufenthalt bezahlen, weil meine Frau einfach ausgerissen war, um einen Suizid zu versuchen. Aber mit Anwälten und Sozialarbeiter vom BKH, kam ich mit einem blauen Auge davon. Das war mir mal wieder eine große Lehre, mein Vater hatte damals zu mir gesagt: „Wenn meine Frau schon aus einer solchen Klinik abhaut und die nicht fähig sind, sie zu beaufsichtigen, wäre ich nicht dorthin gerast, die hätten sie alleine suchen können." Hätte ich das so gemacht, wäre alles ganz anders abgelaufen, den Ärger hätte ich mir sparen können und das Auto wäre noch ein paar Jahre gefahren. „So ist das Leben, aus Fehlern lernt man, aus Gutmütigkeit hilft man, den Ärger und den Schaden hat man immer alleine."

Brigitte hatte aber genauso den Schaden, sie wurde sofort aus der Klinik entlassen, ihre Therapie war zu Ende, wieder eine Chance vergeben, an ihrer Krankheit zu arbeiten. Die Therapeuten erfuhren, dass mein Schwiegervater sich nicht an das Besuchsverbot hielt und sehr wahrscheinlich an der Misere schuld war, aber den Ärger hatte nur ich auszubaden, ich hätte als Ehemann, das Verhindern und ihnen melden müssen. Brigitte musste daraufhin ins BKH zurück, in eine geschlossene Station und das für eine sehr lange Zeit, sie wurde nämlich von der Polizei eingewiesen. Was war jetzt besser geworden, nichts, es war alles nur noch schlimmer geworden.

Was mich an der Klinik damals von Anfang an störte, im Café wurde Alkohol ausgeschenkt, nicht nur für den Besuch auch die Patienten konnten in kaufen und mit an den Tisch nehmen. In einer Klinik für psychisch Kranke, Alkohol ausschenken, das darf es doch nicht geben, das konnte doch nicht gut sein. Was ist das für eine Therapie, ich hatte an manchen Wochenenden festgestellt, dass manche Feste in diesem Raum gefeiert wurden und das nicht nur mit einem Bier, das war kein Café, das war schon mehr eine Kneipe und das in einer Reha-Klinik, das darf es doch nicht geben.

Diese Klinik war für uns ein totaler Reinfall, versuchen mussten wir es, ich sah es als eine kleine Chance, dass alles besser werden würde. Aus meiner Sicht waren die Gründe dafür, dass es nicht klappte, dass meine Frau zu früh aus dem Bezirkskrankenhaus entlassen wurde und ihr Vater. Brigitte war bei weitem noch nicht geeignet für eine Reha, sie war einfach noch nicht psychisch stabil genug und sie hatte Angst davor, dass sie nach der Reha einen Arbeitsversuch machen sollte, sie stand sehr unter Druck und den schaffte sie in ihrem Zustand nicht zu verarbeiten und abzubauen.

Meine Frau erzählte mir, dass sie sehr viel Bewegungstherapie und Sport machen musste, meine Frau war absolut kein Sport Fan, außer etwas wandern konnte meine Frau nichts machen, alles andere war für sie eine Belastung. Sie erzählte mir, dass auch die Tabletten umgestellt wurden und die wurden vor kurzem im BKH auch umgestellt, zwei Tablettenumstellungen in kurzer Zeit, damit hatte meine Frau gewiss zu kämpfen. Dazu saß sie am Abend mit Bekannten im Café und trank mit ihnen noch ein paar

Bier und das mit starker Psychopharmaka, die neu eingestellt wurden. Meine Frau hatte in ihrem labilen Zustand keine Selbstverantwortung. Dazu kam mein Schwiegervater, der ohne Erlaubnis besuche machte und das mit seinen verbotenen Tabletten.

Die Reha konnte unter diesen Umständen nie funktionieren, es wurde zu viel auf einmal versucht, das konnte meine Frau nicht verkraften, der Selbstmordversuch war vorprogrammiert. Die Klinik mit so einer Erfahrung, müsste so etwas bemerken und die Reha abbrechen, die angeblichen Supertherapeuten hätten in den täglichen Gesprächen und Psychotherapien spüren müssen, dass meine Frau depressiv war und sie noch nicht weiter belasten konnten. Sie hätten sie wieder in das BKH einweisen müssen. Aber wahrscheinlich wollten sie das nicht, denn sie bekamen Geld von der Krankenkasse und das bestimmt nicht wenig. In der langen Krankheitsgeschichte meiner Frau Brigitte, kam es mir so vor, dass nicht der Patient zählt, sondern das Geld, was die Kliniken an dem Patienten verdienen. Es war eine Frechheit, was ich in dieser Angelegenheit immer wieder feststellen musste. Wahrscheinlich hatte die Klinik eine andere Pharmaindustrie für Tabletten und so musste Brigitte bestimmt andere Tabletten einnehmen.

Dass einzig Positive an der Klinik war, das meine Frau hinterher keine weitere Reha mehr machen musste, nicht mehr an einem weiteren Arbeitsversuch denken brauchte und bald ihre Rente bekam. Wenigstens etwas das Gut war, aber deswegen werde ich diese Klinik nie gut in Erinnerung haben.

Kapitel 18

Ausgang

Die Ausgänge genehmigte der behandelte Arzt, er hatte verschiedenen Kriterien, nach denen er sich richtete, wie er meine Frau einschätzte, war sie für einen Ausgang stabil genug? War meine Frau in einer geschlossenen oder offenen Station? In der Offenen bekam meine Frau sehr schnell einen Ausgang. In der Geschlossenen waren die Ärzte natürlich nicht so großzügig zu ihren Patienten. Es spielten einige Sachverhalte eine große Rolle, warum wurde sie eingewiesen? Was hatte sie getan, wurde sie mit der Polizei eingewiesen, ist sie von selbst gekommen oder hatte sie der Angehörige eingewiesen und das freiwillig?

Natürlich wurde davon ausgegangen, dass der Angehörige seine Frau jeden Tag zum Ausgang abholte und für den Patienten ein sehr schönes Programm ausgedacht hatte. Es kam öfters vor, dass die Ärzte den Ablauf des Ausgangs mit etwas Druck vorschlugen.

Da meine Frau die meiste Zeit in der Geschlossenen verbrachte, dauerte es dort mindestens 2 Wochen, bis sie einmal 1 Stunde Ausgang auf dem Krankenhausgelände mit einem Angehörigen bekam, später 2 Stunden. Nach 4-6 Wochen bekam sie mal drei bis vier Stunden Ausgang nach Hause, ein Angehöriger musste aber immer anwesend sein und gut auf sie aufpassen. Es war immer eine große Verantwortung und ein gewisses Risiko. Sie hatte mir schon einmal eine Autotür unter der Fahrt aufgerissen und wollte sich hinauswerfen.

Etwas später bekam sie 6 Stunden Ausgang am Wochenende, verlief der Ausgang eine Zeit gut, bekam sie den ganzen Tag Ausgang und später einen Wochenendurlaub. Das war dann so, Samstagmorgen um 9 Uhr abholen und Sonntagabend um 20 Uhr zurückbringen, keine Minute zu spät, sonst gab es Ärger. Verlief das Wochenende nicht so gut, als die Ärzte glaubten, dann bekam Brigitte nächstes Mal keinen Wochenendurlaub mehr, in diesem Sinne waren die Ärzte meistens sehr streng. Unter der Woche blieben die 4 Stunden Ausgang, mehr Zeit hatte ich nach der Arbeit nicht, auch wenn es die Ärzte anders haben wollten.

Oft hatte ich bei ihren Ausgängen mehr Stress, als wenn sie auf der Station geblieben wäre, dass tägliche hin und her fahren, abholen und wieder zurückbringen war sehr zeitraubend. Bei ihren Ausgängen durfte ich zu Hause keine Arbeit machen, ich musste alles erst nach dem ich sie zurückgebracht hatte machen. Das war fast immer um 20 Uhr, bis ich dann zurückgefahren war und mit dem Hund Gassi war, dann fing ich um 21 Uhr meistens noch etwas Hausarbeit an. Hatte sie Wochenendurlaub oder den ganzen Tag Ausgang, bekam ich meistens ein Problem, wann sollte ich die Hausarbeit machen? Selbst das Einkaufen wurde oft zu einem Problem, es musste alles unter Zeitdruck erledigt werden.

Es gab vereinzelt ein paar Ärzte und Ärztinnen, die waren der Meinung, meine Frau könnte zu Hause auch etwas mitmachen und helfen, ich sollte aber aufpassen, damit sie sich nicht überanstrengt. Bei diesen häuslichen Arbeitstherapien, war ich sehr froh, ich konnte mit meinen

Aufgaben viel früher fertig werden und ich hatte den Eindruck, meiner Frau ging es daraufhin wesentlich besser. Denn sie konnte zu sich sagen, ich habe etwas geschafft und sie war froh darüber, dass sie mir doch ein wenig helfen konnte und daraufhin konnte sie etwas den Ärzten erzählen, die freuten sich darüber, dass meine Frau endlich von sich aus etwas tat, als nur herumsitzen, rauchen und Kaffee trinken.

Die Ärzte, die mir verboten hatten, in der Zeit des Ausgangs etwas zu tun, schickten Kontrollen nach Hause, ob alles eingehalten wurde und keine Haus und Gartenarbeit gemacht wurde. Ich bekam somit von den Ärzten öfters eine Rüge, nur weil ich ein paar Mal in dieser Zeit staubgesaugt und die Waschmaschine eingeschalten hatte. Ich fühlte mich im Recht und meinte: „Ich könnte nach 21 Uhr nicht Staubsaugen und die Waschmaschine einschalten." Daraufhin wurde ich eines Besseren belehrt: „Meine Frau könnte mir bei der Arbeit nicht zuschauen und sie dürfe selbst keine tun, da würde es ihr schlecht gehen, ich müsse dagegen zu einer späteren Zeit meine Arbeit erledigen, das sei mein Problem, wie ich das machen würde, so etwas dürfe nie mehr vorkommen."

Ich fühlte mich von solchen Ärzten sehr unter Druck gesetzt, ich verstand oft ihre komischen Entscheidungen nicht, es hätte nichts ausgemacht, wenn es für ein paar Tage oder Wochen gewesen wäre, aber nicht für eine Ewigkeit. Meines Erachtens schafften sie damit, dass meine Frau keinen Handstrich mehr tun konnte und darüber war sie sehr unglücklich, was sind das für Therapien. Genauso ihre Einkaufstouren, die sie anordneten, für ein paar Hundert

Euro, sie brachten überhaupt nichts, außer dass mein Geldbeutel leer war und im Krankenhaus waren die Sachen plötzlich für immer verschwunden.

Ich möchte einen dieser Ärzte sehen, die erst nach 21 Uhr ihre Hausarbeit und Gartenarbeit machten, ob sie solche Befehle einhalten würden. Wenn meine Frau Wochenendurlaub bekam, war das überhaupt nicht umsetzbar, ich hatte überhaupt keine Zeit mehr, etwas Untertags zu tun. Wenn ich nachts eine Waschmaschine oder Staubsauger einschaltete, bekam ich Ärger mit den Nachbarn, was ganz natürlich war und ich sehr gut verstehen konnte. Keiner dieser Ärzte wollte mich verstehen und nach einer Lösung meiner misslichen Lage suchen. Wie ich es machte, war ihnen scheiß egal, im Gegenteil, sie schickten sogar noch eine Kontrolle, ob die Wohnung sauber genug für einen Ausgang sei. Ich fühlte mich in alte Militärzeiten zurückversetzt, als noch die Wehrpflicht war, als noch die Spinde und Zimmer kontrolliert wurden, dass sie sauber genug waren.

Zum Abschluss des Kapitels schreibe ich noch einmal, ich bin der Meinung, dass es meiner Frau Brigitte sogar gut getan hatte, wenn sie ein paar Kleinigkeiten im Haushalt mitgemacht hatte, in diesen Zeiten ist es ihr viel besser gegangen. Sie war etwas abgelenkt, sie hatte etwas getan, auch wenn sie nur kurz beim Einkauf dabei war. Natürlich musste ich darauf achten: „Wie geht es ihr heute, kann man etwas erwarten?" Meistens war es so, in dieser Zeit, dass sie von selbst etwas machen wollte, es war natürlich nicht immer so. Wenn sie es schaffte, das zu machen, glaubte ich, sie hatte einen Schritt nach vorne gemacht und war viel besser drauf? In diesen Zeiten, hielt sie es viel länger ohne BKH Aufenthalten aus, sie konnte viel länger in die Tagesstätte gehen. Ich denke meine Frau und ich konnten so viel einfacher mit dieser Krankheit leben.

Die anderen Ärzte schafften es nur, dass sich meine Frau immer mehr in sich zurückzog in ihre Krankheit und nur da saß, ich hatte den Eindruck, sie lebte nicht mehr richtig, sie grübelte nur vor sich hin und war auch nicht mehr richtig erreichbar. Sie sagte oft in dieser Zeit zu mir: „Was ist das für ein Leben, ich möchte nicht mehr da sein, wenn du mir da nur helfen könntest, dann wäre ich schon lange nicht mehr am Leben?" Was sollte das für eine Therapie sein?

Aber zu diesem Thema komme ich noch einmal später zurück und das mit einem guten Grund.

Kapitel 19
Wochenendurlaub

Vollständiger halber Berichte ich auch über dieses Thema, im Prinzip verlief es genauso, als bei normalen kurzen Ausgängen, nur das ich meine Frau am Samstagmorgen um neun Uhr abholte und am Sonntagabend um zwanzig Uhr zurückbrachte, keine Minute später, sonst gab es Ärger, vielleicht sogar ein Arztgespräch mehr, denn das Wochenende könnte nicht so gut verlaufen sein. Meistens nach so einem Wochenende wurden wir von dem behandelten Arzt befragt, ob am Wochenende alles gut verlaufen ist und es ihr gut gegangen ist?

Ich hatte an diesen Wochenenden oft eine große Verantwortung gegenüber meiner Frau, gerade wenn ich bemerkte, dass meine Frau nicht stabil genug in das Wochenende geschickt wurde und ich mit ihr alleine zu Haus war. So kam es öfters vor, dass ich noch gar nicht richtig in der Wohnung war, dass ich sie gleich wieder zurück ins BKH fahren konnte und Sonntagmorgen wurde es noch einmal versucht. Oder wie ich schon so oft beschrieben hatte, musste ich stundenlang Händchen haltend durch das Wohnzimmer laufen.

Aber die Ärzte waren sehr große Spezialisten, schöne Vorschläge für das ganze Wochenende zu machen: „Gehen sie mit ihr zum Eis essen, in ein schönes Café sitzen, essen gehen, ein schönes Kleid einkaufen, einen schönen Ausflug in die Berge machen." Meine Frau sollte davon immer etwas mitbringen, das sie sahen, dass, wir das auch wirklich unternommen hatten. Es gab schon Tage, das wir, einfach zu Hause verbringen konnten. Am Montag, als ich dann in die Station kam, musste ich meistens ein Arztgespräch führen, da wurde genau das Wochenende analysiert, es wurde jedes Detail besprochen und sogar für das nächste geplant.

Es waren schon ein paar Ärzte, die hatten die Ansicht, solchen Patienten sollte man nur das schöne Leben zeigen. Ich wollte aber nach einer anstrengenden Arbeitswoche nicht in die Berge oder sonst wo hinfahren, ich hätte mich einfach gerne ausgeruht oder die Dinge erledigt, die ich unter Woche nicht mehr geschafft hatte. Ich sagte es ihnen öfters, zurückkam vom Arzt, es stehen nur die Belange des Patienten an oberster Stelle. Ausruhen können sie, wenn sie alleine sind, da haben sie genug Zeit für sich. Da musste ich etwas anderes zu tun, als ausruhen, ich hatte immer wieder den Eindruck, diese Ärzte haben keine Ahnung, was nach 21 Uhr bei einem Angehörigen abläuft.

Kapitel 20
Die vielen Urlaube

Das ist ein Thema, vielleicht fragen sich da viele Leser meines Buches Band 1, warum hatte ich, das auf mich genommen, um einen Urlaub, mit einer psychisch-kranken Frau zu machen? Das ist eine gute Frage: „Ob ich das heute noch einmal machen würde?"

Meine Frau und ich sind früher, als wir jung und unternehmungslustig waren, öfters in den Urlaub gefahren, auch mit dem Motorrad und einigen Freunden, wir wollten immer aus dem Alltag ausbrechen, andere Länder besichtigen und kennen lernen, etwas erleben und ausspannen. Ich dachte mir dabei, vielleicht tut das meiner Frau auch mal wieder gut, wenn sie dieses Krankenhaus mal ein paar Tage nicht mehr sieht: „Das sie etwas anderes zu sehen bekommt, unter normale Leute kommt und abgelenkt ist." Ich habe dabei an mich genauso gedacht: „Ich wollte mal ausspannen und ausschlafen, das BKH mal für ein paar Tage vergessen und mit meiner Frau ungezwungen Leben können, so hatte ich mir das vorgestellt."

Ich habe die Urlaube mit den Ärzten und Therapeuten immer besprochen und sie hatten es immer befürwortet, dass wir das machen sollten. Sie waren der gleichen

Meinung wie ich, meine Frau kommt dabei mal auf andere Gedanken. Meine Frau flippte meistens vor dem Urlaub aus, aber als sie dort war, fand sie es meistens schön, nur, dass am Urlaubsort meistens etwas schief lief, zum Beispiel, dass sie die Notfalltabletten zu viel einnahm und plötzlich keine Tabletten mehr vorhanden waren. Ich musste mich immer wieder auf neue Situationen einstellen, die ich nicht vorhersehen konnte und ich mich auf einige Situationen gut vorbereitet hatte. Aber Gott sei Dank ging immer wieder alles gut aus, ich hatte oft großes Glück gehabt. Ich hatte mir gedacht, dass sich meine Frau im Urlaub etwas vernünftiger verhalten würde, aber das war mein Fehler, das konnte ich nicht auf andere schieben.

Später flog ich mit Brigitte nicht mehr weg, das würde ich heute auf keinen Fall mehr machen und wir fuhren mit dem Auto fort, aber das Problem war deswegen nicht kleiner. Meistens war es nur die Fahrt, die nicht so gut verlief, da frage ich mich heute noch, warum sie bei der Fahrt meistens ausflippte und ihre schizophrenen Schübe bekam. Dann am Ort wurde es wieder besser. Ich konnte mit ihr wandern gehen, sie war stolz darauf, dass sie die großen Strecken so gut laufen konnte, aber deswegen kam die Krankheit irgendwann genauso zurück, aber die Schübe wurden wesentlich weniger und viel kürzer, aber trotzdem, hörten sie einfach nie auf.

Dann versuchten wir etwas anderes, wir fuhren mit der Familie gemeinsam in den Urlaub, es war nicht so, wie ich es mir vorgestellt hatte, ich dachte, ich hätte eine Unterstützung, aber das war ein Fehlgedanke von mir, der Schwiegervater durchkreuzte mir immer wieder meine Pläne und gab eine von seinen Tabletten, dass meine Frau ihre Schübe bekam, die ziemlich lange anhielten und daraufhin es ihr viel schlechter ging.

Die Familienurlaube habe ich ein paarmal versucht, mit keinem großen Erfolg, im Gegenteil ich hatte nur großen Ärger und Aufregung erlebt und in diesen Urlauben, die ersten festen Gedanken bekommen, mich von meiner Frau scheiden zu lassen. Wir sind zwar mit der Familie nur an die Adria oder nach Südtirol gefahren, aber ich bin noch genervter nach Hause gekommen, als ich weggefahren war.

Wenn ich die Zeit noch einmal zurückdrehen könnte, würde ich diese Urlaube nie mehr planen und antreten. Ich dachte mir: „Ich bin nicht alleine und hätte eine Hilfe dabei, aber so war es nicht." Der Schwiegervater versaute mir meine Pläne total. Meine Frau kam meistens so krank zurück, dass es nicht lange dauerte und sie musste ins BKH eingeliefert werden, dass sollte nach einem Urlaub nicht vorkommen. Ich war mit den Nerven am Ende und hatte absolut keine Entspannung. So etwas sollte nicht vorkommen, ich hätte mir wenigstens von ihren Eltern eine andere Unterstützung erwartet, dann wäre bestimmt alles anders abgelaufen und Brigitte wäre nicht so schnell wieder in das BKH gekommen. Ich muss mir eingestehen in dieser Sache hatte ich mich total verplant, das würde ich nie mehr machen, das war totale Scheiße von mir!

Würde ich heute überhaupt noch einen Urlaub mit Brigitte antreten? Ich bin mir ziemlich sicher, dass ich überhaupt keinen Urlaub mit einer psychisch-kranken Frau mehr machen würde. Der Stress war einfach zu groß, es waren immer unvorhergesehene Dinge vorgekommen, mit den ich überhaupt nicht gerechnet hatte, es hätten viel schlimmere Unglücke geschehen können, ich hatte sehr wahrscheinlich noch großes Glück gehabt, dass nichts Schlimmes passiert war. Aber ich hatte geglaubt, ich hatte immer alles im Griff und hatte mich doch ein paar Mal total überschätzt und vor allem was dazu kam, auf die Hilfe der Familie geglaubt. Das muss ich zugeben, das Urlaub fahren war einer meiner größten Fehler, dies würde nie mehr vorkommen.

Kapitel 21

Freunde

Das ist ein weiteres trauriges Kapitel in meinem Leben. Ich hatte in der Jugendzeit, bis wir verheiratet waren, sehr viele Freunde und Bekannte, wir unternahmen viel zusammen, trafen uns regelmäßig und gingen oft mit ihnen aus. Es war für uns eine verdammt schöne Zeit. Wir fuhren mit ihnen Motorrad und machten viele Ausflüge und Urlaube zusammen. Es war eine sehr schöne Zeit, die wir nie missen wollten. Meine Frau hatte in diesem Freundeskreis ihre besten Freundinnen. Nichts konnte uns anhaben und diesen Freundeskreis auseinander bringen, aber wir täuschten uns.

Als wir das Motorradfahren aufhörten, wurde der Freundeskreis etwas kleiner, was eigentlich ganz normal war: „Dass unsere Freunde heiraten und Kinder bekommen und wir uns nicht mehr so oft treffen, das war ganz normal. Dass Freunde durch ihre Arbeit weniger Zeit haben und in eine andere Stadt ziehen, mit dem hatten wir gerechnet."

Nur, als meine Frau den ersten Selbstmordversuch machte und in das BKH kam, sprach sich das anscheinend im Freundeskreis schnell herum. Ich telefonierte mit den Freunden noch ein paar Mal und wir trafen uns noch ein paar Mal. Von Woche zur Woche wurde unser Freundeskreis immer kleiner. Niemand wollte sich mit uns noch treffen, geschweige mit uns reden oder telefonieren, sie wollten unsere Probleme nicht einmal anhören. Die meisten ihrer Freundinnen besuchten Brigitte nicht einmal im Krankenhaus, später dachte ich mir: „Dass, waren keine richtigen Freunde, die wollten nur mit uns Spaß haben und wir bekamen im Leben zu spüren, dass es nicht nur Spaß gab."

Nach kurzer Zeit bemerkten wir, dass uns ein befreundetes Pärchen geblieben war, das ist Brigittes aller beste Freundin, die sie auch im Krankenhaus öfters besuchte und ihr immer wieder Mut zuredete. Mein Freund ging mit mir öfters, gerade in den schweren Zeiten in die Kneipe, damit ich auf andere Gedanken kam. Das war von ihnen ein sehr schöner Zug und wir sind heute noch befreundet, auch wenn es in ihrem Familienkreis sehr schwere Zeiten gab.

Ich hätte mir nie gedacht, dass mein Freundeskreis plötzlich so klein werden würde, so etwas hätte ich von einigen Freunden nie erwartet, dass sie mir so schnell den eiskalten Rücken zeigen würden, uns einfach hängen lassen und deswegen keinen Kontakt mehr haben wollten. Sie hatten uns zu spüren gegeben, dass sie mit Personen, die mit einem Bezirkskrankenhaus zu tun haben, nichts mehr zu tun haben wollten. Einige der Freunde sagten uns eiskalt ins Gesicht: „Sie wollen keine Freunde haben, die mit einem Irrenhaus zu tun haben." Daraufhin dachte ich mir: „Ich wünsche es niemanden, dass sie so etwas erleben müssen, diese Personen, die so herablassend von solchen Menschen reden, würde es nicht schaden, einmal in so eine Situation zu kommen."

Vor allem hatte es uns sehr geschockt, dass Freunde oder beziehungsweise die sich Freunde nannten, uns so behandelt haben, aber so ist einmal das Leben. Wir hatten solche ähnlichen Geschichten schon so oft gehört und haben geglaubt, uns kann so etwas nie passieren, wir haben ja so viele gute Freunde, was blieb uns, ein Pärchen, sonst niemand. Alle sind sie da, solange es einen gut geht, passiert etwas, dann sind sie alle schnell verschwunden und wollen von einem nichts mehr wissen. Das ist traurig, aber wahr und man steht mit seinen Sorgen plötzlich alleine da und dann zeigt sich, wer die waren Freunde sind, die für immer und in jeder Situation das sind. Ich fühlte mich plötzlich alleine gelassen, obwohl ich noch meinen besten Freund habe.

Einer der mir den eiskalten Rücken gezeigt hatte und sich Jahre lang nicht mehr meldete, rief bei mir unangemeldet an und fragte: „Ob ich ihm helfen könnte, er habe ein großes Problem, natürlich entschuldigte er sich, dass er nie von sich hören ließ." Dann nach einem längeren Gespräch stellte sich heraus, dass er mit seiner Frau, so ein ähnliches Problem bekommen hatte und wollte von mir einen Rat haben und natürlich bräuchte er dringend Hilfe. Da musste ich ihm leider sagen: „Dass sich mein Problem vergrößert hätte und er alleine zurechtkommen müsse, wie ich auch. Er braucht eine gute Familie und Freunde, die ihm behilflich sind und ein gutes durchhalte Vermögen." Ich hörte dann von ihm nie wieder etwas. Ich bemerkte, er war sehr enttäuscht und beleidigt, aber das war ich damals auch und ich hatte eigene große Entscheidungen zu treffen und die besprach ich nur mit meinem besten Freund und seiner Frau. So ist das Leben, wenn man dringend Hilfe bräuchte, steht man plötzlich alleine da.

Kapitel 22
Selbsthilfegruppe für Angehörige

Ich komme jetzt kurz zu dem Thema zurück, Ausgänge und der Patient darf im Ausgang nichts tun, ich war sehr gestresst und eine Schwester auf Brigittes Station bemerkte es und sprach mich an: „Ich solle doch die Selbsthilfegruppe für Angehörige besuchen, sie ist einmal die Woche und dort kann mir bestimmt geholfen werden, ich kann dort einfach hingehen und müsse mich nicht anmelden." Ich fand den Tipp ganz gut und ging gleich zum nächsten Termin hin.

Ich brauchte mich nicht als ein Neuer in der Gruppe fühlen, denn ich sah einige bekannte Gesichter, mit ihnen hatte ich schon einige Sorgen ausgetauscht. Sie hatten genauso, die ein und dieselben Probleme. Ich war sehr gespannt, was der Vorsitzende der Gruppe uns vorschlagen wollte, wie wir unsere Probleme lösen könnten und dazu noch umsetzen. Ging das überhaupt so einfach?

Als ich die Selbsthilfegruppe besuchte, hatte meine Frau eigentlich Ausgang und somit sahen es die Ärzte nicht so gerne, dass ich dort hinging, denn ich sollte für meine Frau da sein, ich sollte mit ihr die Zeit verbringen. Aber ich wollte mir, das unbedingt anhören, was dort alles besprochen wurde, vielleicht gab es noch andere Probleme, von denen ich nichts wusste und die auf mich zukommen könnten.

Es war sehr interessant, was dort angesprochen wurde und es gab viele Probleme, die diskutiert wurden, in einer großen Runde von Angehörigen. Der Vorsitzende hörte sich alles genau an und daraufhin machte er einen Vorschlag, wie alles durchgesetzt werden könnte. Am meisten wurde besprochen, was die Ärzte von uns allen forderten, dass wir oft unter Stress standen, kaum Zeit für uns hatten. Da meinte der Vorsitzende, wir müssten nicht alles tun, was die Ärzte forderten, wir müssten viel mehr auf uns achten. Wir müssten nicht jeden Tag in das BKH kommen und mit den Patienten in jeden Ausgang mitgehen, wir sollten auf uns schauen und wenn uns danach ist, dann könnten wir mal, etwas anderes tun, als in das Bezirkskrankenhaus zu fahren. Unsere Belange stehen an vorderster Stelle und nicht der Patienten und Ärzte. Ich dachte mir, wie sollten wir das umsetzen, das würde bestimmt nicht klappen, das würden die Ärzte bestimmt nicht zulassen.

Es kamen von einigen anderen Angehörigen sofort Einwände, dass sich das mit Sicherheit nicht umsetzen ließe, genauso dachte ich auch. Aber der Vorsitzende meinte: „Unsere Gesundheit stehe an erster Stelle und darauf müssen wir achten und nicht von diesen Psychiatern zerstören lassen, denn ihre Arbeit ist nur auf den Patienten gerichtet und was der Angehörige tut, interessiert ihnen überhaupt nicht." Er hatte Recht, aber alle in dieser Sitzung konnten nicht glauben, dass dies funktionieren würde und schauten den Redner ungläubig an. Was ich verstehen konnte.

Es wurden genauso einige andere Themen angesprochen, wie Therapien, Tabletten, Tagesstätten Psychotherapien, diese Themen waren sehr interessant. Wir sollten mehr Vorschläge zu den einzelnen Therapien machen, wenn wir glauben, dass es guttun würde. Der Vorsitzende ging sehr geduldig auf alle Themen ein, die angesprochen wurden und beantwortete alles, was wir wissen sollten. Aber ich sah immer wieder ein Kopfschütteln von vielen Angehörigen: „So zu sagen, das lässt sich bestimmt nicht so einfach umsetzen, das ist unmöglich, darauf gehen die Ärzte bestimmt nicht ein, sie wollen, dass wir nur für ihre Patienten da wären."

Ich ging einige Sitzungen hin, aber dann fand ich es sinnlos, da noch hinzugehen, denn ich merkte, was da gesagt wurde, lässt sich nicht verwirklichen. Wollte ich nur ein wenig Zeit für mich haben, wurde der Druck des behandelten Arztes umso größer, so zu sagen: „Ich wolle mich nicht mehr um meine Frau kümmern und ich müsse jede Minute, die ich zur Verfügung habe, da sein." Dann wurden einfach ein paar Arztgespräche mit dem Angehörigen angeordnet, ich musste unbedingt anwesend sein oder sie zu einer Therapie begleiten, eine Einkauftour mit meiner Frau machen, einen Ausflug usw. die Ärzte fanden schnell ein paar Gründe, dass man schnell und pünktlich da sein musste. So einfach war das, ich hatte keine Chance zur Ruhe zu kommen, die Ärzte hatten einfach mehr Erfahrung, als ich in dieser Angelegenheit.

Ich traf einige Angehörige, die mit mir in der Selbsthilfegruppe waren und redete oft mit ihnen, sie schafften es genauso wenig, dass durchzusetzen, was in diesen Sitzungen besprochen wurde. Sie sagten, sie hatten genauso keine Chance, die Ärzte wussten ganz genau, wie sie ihren Willen und ihre Forderungen durchsetzen müssen. Sie gaben genauso in dieser Richtung auf. Ich habe eigentlich erwartet, dass sie es wenigstens schaffen würden, aber anscheinend waren die Ärzte darauf geschult und sie waren alle gleich.

Ich dachte mir: „Was hatte die Selbsthilfegruppe für Angehörige für mich gebracht, absolut gar nichts, es hatte mir keinen Vorteil verschafft. Ich hatte weitere Leidensgenossen kennengelernt, das war ein kleiner Vorteil, wir tauschten unsere Sorgen immer wieder aus." Somit machte die Selbsthilfe Gruppe überhaupt einen Sinn, wenn wir keine Chance hatten, das umzusetzen, was wir in jeder Sitzung besprochen hatten? Wird auf die Angehörigen überhaupt eine Rücksicht genommen? „Ich hoffe, dass es heute viel besser ist."

Kapitel 23
Diagnosen und psychosomatische Schmerzen

Psychosomatische Schmerzen und Depressionen, das war die erste Diagnose, als sie das erste Mal in die geschlossene Station kam. Das war für meine Frau und mich ein Fremdwort, das haben wir bis zu diesem Zeitpunkt noch nie gehört. Der Arzt musste uns erst erklären, was das zu bedeuten habe und was das für Auswirkungen für meine Frau hatte, der Schwiegervater wollte die Diagnose natürlich nicht anerkennen, so etwas konnte seine Tochter nie bekommen, sie ist nicht psychisch krank und sie habe in diesem Krankenhaus nichts zu suchen, sie gehört dort nicht hin.

Psychosomatische Schmerzen waren, die sie ganz real spürt, aber doch nicht da waren. Diese Schmerzen konnten auch in Schüben auftreten, als ich das hörte, konnte ich es erst gar nicht glauben, so etwas konnte es doch nicht geben. Schmerzen, die nicht real waren und doch zu spüren waren. Später erinnerte ich mich an diese Schmerzen wieder, als ich schreckliche Bandscheibenschmerzen bekam und ich bemerkte, wenn ich sehr unter Stress stand, hatte ich größere Schmerzen, als wenn ich ganz entspannt war. So sagte ich mir: „Dass alle Schmerzen psychisch beeinflussbar sind, auch bei mir."

Meine Frau wurde dann mit Tabletten auf diese Schmerzen eingestellt, aber diese Schmerzen hörten nicht auf, sie machte einen Suizidversuch nach dem anderen und sie kam immer wieder in die geschlossene Station. Dass sie depressiv war, das war für alle klar, aber es folgte nach einigen Aufenthalten in der geschlossenen Station, eine andere Diagnose, sie war plötzlich schizophren veranlagt.

Das war für uns alle ein großer Schock, für meine Frau und mich, das konnten wir erst gar nicht glauben, was wir da zu hören bekamen. Sehr lange hatten die Psychiater gebraucht, um eine richtige Diagnose zu stellen, um sie richtig zu behandeln. Das hatte uns damals sehr geärgert. So lange musste meine Frau leiden, sie machte viele Selbstmordversuche, verbrachte viele Monate in der geschlossenen Anstalt. Ich wusste bei vielen Suizidversuchen oft stundenlang nicht, was meine Frau gerade anstellte und fragte mich: „Wird es meine Frau dieses Mal fertigbringen, sich das Leben zu nehmen, was tut sie gerade, wo ist sie? Sie wird bestimmt wieder für einige Monate in der Geschlossenen untergebracht sein und mit Tabletten vollgestopft werden?"

Das hatten die Psychiater damit erreicht, sie sollten eigentlich genauso die Ängste der Angehörigen durchmachen, dann wüssten sie, was Ungewissheit und Angst bedeutet, dann wüssten sie, was es heißt einen psychisch-kranken Partner zu betreuen, was für Anstrengungen der Angehörige täglich vollbringen muss. Welche Verantwortung der Angehörige jeden Tag hat, dass man kaum Zeit für sich selbst hat. Nur weil die Ärzte die Verantwortung schnell an den Angehörigen abgeben, eine falsche Diagnose stellen und nicht richtig mit Tabletten einstellen. Das sollte es nicht geben, so etwas dürfte nicht vorkommen, ich finde, das ist Verantwortungslos.

Kapitel 24

Depressionen

Es war klar, das nach dem ersten Selbstmordversuch, der behandelnde Psychiater, Depressionen als Diagnose stellte. Die Ärzte bekamen es nicht hin, dass meine Frau gut mit Tabletten eingestellt war, sie schafften es nicht, dass sie dauerhaft dem BKH fernbleiben konnte. Brigitte wollte sich nur noch das Leben nehmen, sie wollte sich selbst nicht mehr, sie sagte oft zu mir: „Ich will mich nur noch wegschaffen, ich bin es nicht mehr wert, auf dieser Welt zu sein."

Nach weiteren Suizidversuchen wurden es chronische Depressionen und ich musste weiter zu sehen, wie meine Frau unter dieser Krankheit litt. Die Ärzte schafften es meine Frau mit Tabletten so einzustellen, dass sie das Krankenhaus ein Jahr nicht mehr brauchte. Aber die Nebenwirkungen machten sich bemerkbar und sie kam deswegen noch auf die Intensivstation, denn sie hatte zu allem Übel noch einen Darmverschluss.

Die Tabletten wurden neu eingestellt und dann ging es mit meiner Frau nur noch bergab, sie bekam eine Nebenwirkung nach der Anderen zu spüren, der Fuß zuckte dauerhaft, Speichel lief ihr aus den Mundwinkeln, ich kannte meine Frau nicht mehr, sie saß nur noch apathisch herum. Nahm sie in dieser Zeit ihre Umgebung wirklich wahr? Ich glaubte es nicht? So wie die Ärzte die Patienten mit Tabletten einstellen und herumlaufen lassen, sogar dann noch so entlassen, grenzt schon an Körperverletzung, so etwas dürfte nicht sein. Warum machen sie das? Später hatte ich den Beweis, dass es besser gegangen wäre, das machte mich zornig.

Ich denke, wenn ein Mensch so mit Tabletten vollgedröhnt ist und kein richtig normales Leben führen kann, dann muss man nur depressiv sein. Ich kann das verstehen, wenn man nichts mehr Normales unternehmen kann. Nichts mehr alleine tun kann, Tag für Tag in der Psychiatrie verbringen und das noch in einer geschlossenen Station, wie in einem Gefängnis, das macht noch zusätzlich depressiv. Nur die paar Stunden, die sie Ausgang haben und das noch mit Tabletten, die einen Elefanten umlegen würden. Ich möchte glauben, das kann keinen Patienten aufbauen. Ich denke, da wurden viele Fehler gemacht und das bekam meine Frau und andere Patienten zu spüren.

Kapitel 25
Angstzustände

Meine Frau hatte in dieser Zeit sehr viele psychische Probleme, somit bekam sie Schübe von Angstzuständen. Sie wusste oft nicht, wo vor sie Angst hatte, sie bekam dabei meist Schweißausbrüche, sie wurde sehr anhänglich, diese Schübe waren für sie sehr heftig gewesen, natürlich wurde sie daraufhin, sehr depressiv. Diese Psychiater erklärten es so: „Das sei bei Depressionen ganz normal, dass sie Angstzustände bekommen, diese Schübe vergehen immer wieder, wenn die Depressionen richtig mit Tabletten eingestellt sind, dann sind diese Schübe wieder weg oder die Abstände werden viel größer."

Später nach einigen Jahren und vielen Selbstmordversuchen wurden auch diese Symptome der Schizophrenie zugeordnet. Ich hatte in dieser Zeit den Eindruck, diese Ärzte machten ihre Diagnosen so, wie es ihnen gerade passte. Einmal waren es psychosomatische Schmerzen, dann waren es Depressionen, zum Schluss hatten sie Schizophrenie auf Lager. Wussten sie überhaupt noch, was sie behandelten? Ich wusste oft, selbst nicht mehr, was ich davon halten und glauben sollte, denn helfen konnten sie meiner Frau nie richtig, es war nur ein ewiges auf und ab.

Kapitel 26

Schizophrenie

Was für eine Diagnose gestellt wurde, war mir inzwischen egal, wie das Wort hieß, dass sie in den Mund nahmen, spielte keine Rolle mehr, ich wollte nur, dass ihr geholfen wurde und das möglichst schnell und professionell, meine Frau hatte viel zu lang gelitten.

Aber diese Ärzte im Bezirkskrankenhaus konnten oder wollten nicht helfen, sie waren nur schnell dabei, Medikamente heraussuchen und da fanden sie nie die Richtigen. Ich glaubte in dieser Zeit, egal was für eine Diagnose sie stellten, die Tabletten hatten immer dieselbe Wirkung, dass sie vollgedröhnt war und total neben sich stand. Meine Frau und ich waren von diesem Krankenhaus sehr enttäuscht. Brigitte war sehr deprimiert, sie sagte oft zu mir: „Hier in diesem Krankenhaus kann ich nie gesund werden, sie können mir nicht helfen, darum will ich nur noch sterben." Wie Recht sie hatte, sie konnten nicht helfen, es gab nur einen Arzt, den hätte ich es zugetraut, dass er es konnte, aber er war nicht mehr im Haus. Darum geht es ihr, jetzt woanders besser.

Als die Ärzte die Diagnose Schizophrenie als Diagnose stellten, waren sie der Meinung, dass meine Frau in den Schüben die sie hatte, immer wieder in ihre Kindheit hineinversetzt würde, sie benahm sich in dieser Zeit der Schübe, wirklich, als wäre sie ein kleines Kind, darum kugelte sie sich auf den Boden, rief Hilfe, Hilfe und ich musste stundenlang Händchen haltend um den Wohnzimmertisch laufen. Natürlich meinten die Psychiater: „Ihre Angstzustände und Depressionen kamen auch von ihrer kindlichen Seite, also war alles von der Schizophrenie ausgelöst."

Sie hatte zwei Persönlichkeiten, warum und woher das kam? Dass, konnten sie mir nicht beantworten. Ich frage natürlich: „Wie man das behandeln könnte." Sie können sich jetzt denken, was ich zur Antwort bekam: „Sie müsse gut mit Tabletten eingestellt werden und sie bekäme ein paar Therapien verordnet, die Tablettenumstellung kann allerdings sehr lange dauern." Diese Therapien besuchte sie schon ein paar Jahre lang und sie haben ihr nie geholfen, warum sollten sie mit dieser Diagnose besser sein. Es kam nichts mehr rüber, was Hoffnung machen konnte, nur leere Versprechungen, die nicht mehr glaubwürdig waren.

Was sollte ich dagegen machen, ich hatte keine Möglichkeit die Ärzte zu beeinflussen, ich konnte nur hoffen, dass es besser werden würde. Ich konnte nur hoffen und abwarten, es wäre schön gewesen, wenn sie es für längere Zeit zu Hause ausgehalten hätte und in die Tagesstätte gegangen wäre, ohne das etwas vorfiel, aber meine Frau verbrachte immer mehr Zeit im Bezirkskrankenhaus, in der geschlossenen Station. Ich wusste, dass meine Frau nie mehr gesund werden würde, es wäre zu schön gewesen, wenn meine Frau vom Bezirkskrankenhaus fern geblieben wäre und wir zu Hause einigermaßen ein normales Leben geführt hätten. Wenn sie wieder den richtigen Arzt bekommen hätte, wäre es wie ein Sechser im Lotto gewesen. Aber es sollte nicht sein, dass Krankenhaus ließ meine Frau nicht mehr los, die Aufenthalte wurden immer öfter und sie verbrachte fast das ganze Jahr darin.

Die schizophrenen Schübe kamen immer öfter, sie kamen jeden Tag und nicht nur einmal am Tag, ich verbrachte sehr viel Zeit mit ihr händchenhaltend, um den Wohnzimmertisch zu laufen, ich konnte in dieser Zeit kaum etwas erledigen. Es war für uns beide eine sehr schlimme Zeit, die am meisten litt, war natürlich meine Frau und darum mache ich nach wie vor, große Vorwürfe an das Krankenhaus, dass die Ärzte es nicht geschafft haben, meine Frau richtig zu behandeln, dass sie einigermaßen mit der Krankheit hätte leben können. Ich denke, das wäre nicht zu viel verlangt gewesen.

Kapitel 27

Schwiegervaters Selbstmord

Der Selbstmord von meinem Schwiegervater war eine eigenartige Geschichte. Ein paar Monate nachdem ich meine Scheidung eingereicht hatte, nahm sich der Schwiegervater das Leben. Meine Frau rief mich in der Arbeit an und teilte mir die unerwartete Nachricht mit, ich war damals sehr geschockt, mit allem hatte ich gerechnet, nur mit dieser Nachricht nicht. Was musste meine Frau in dieser Zeit durchmachen?

Ich war damals zu diesem Zeitpunkt mit meiner Freundin in der Türkei im Urlaub. Nachbarn berichteten mir, sie hätten meinen Schwiegervater mit einer Waffe um unsere Wohnung herumschleichen gesehen. Wollte er mich und meine damalige Freundin in den Tod mitnehmen? Aber Gott sei Dank, waren wir nicht zu Hause. Hätte er es wirklich getan, das kann mir niemand mehr beantworten? Ich hätte es ihm zugetraut.

Der Selbstmord von meinem Schwiegervater löste in mir viele Fragen aus. Warum hatte er das getan? Brigitte meinte, dass ihr Vater ein Krebsgeschwür am Bein hatte und er nicht so sterben wollte, wie sein Vater, der aber an einem anderen Krebs gestorben war und dabei sehr gelitten hatte, deswegen glaubte er, das es ihn genauso ergehen würde, darum muss sich ihr Vater angeblich erschossen haben, aber das wollte ich nicht glauben und so stehen lassen.

Ich denke jetzt anders darüber: „Ich hatte aus früheren Gesprächen mit ihren Eltern erfahren, dass ihre Oma, Vaters Seite, in der geschlossenen Psychiatrie verstorben war und vor kurzem hatte ich von Brigitte erfahren, dass sich ihr Vater erschossen hatte. Dann kann man doch davon ausgehen, dass diese Krankheit in den Genen der Familie war? Ich war daraufhin fest der Meinung, der Schwiegervater war genauso psychisch krank, wie seine Tochter." Ich erfuhr nur nicht, ob diese Oma auch schizophren erkrankt war und woran sie gestorben war. Aber das würde mir heute auch nicht weiter helfen, vielleicht hatte das Heim, in dem heute meine Frau lebt, Informationen geholt, warum hatte das Bezirkskrankenhaus es nicht getan?

Ich war damals der Meinung, ein kleines Krebsgeschwür an einem Bein, ist kein Grund sich das Leben zu nehmen, das kann man doch heute gut behandeln und mit ziemlicher Sicherheit geheilt werden. Vielleicht hatten seine eigenen Tabletten, ihn in den Tod getrieben, die er immer wieder seiner Tochter zugesteckt hatte, die er so angepriesen hat, sie hatten die Nebenwirkungen, depressiv zu werden. Vielleicht ist auch etwas ans Tageslicht gekommen, aus seiner Vergangenheit und er hatte Angst dafür bestraft zu werden, aber diese Fragen kann mir heute niemand mehr beantworten, diese hatte er mit ins Grab genommen. Aber als ich kurz nach seinem Tod mit Brigitte telefonierte, hatte sie nicht mehr so gut über ihren Vater geredet, sie sagte nur: „Ihr Vater sei schuld an ihrer Krankheit." Warum er der Schuldige ist, sagte sie leider nicht?

Der Mensch ist tot, die Fragen bleiben.

Kapitel 28

Die Gerüchte über meinem Schwiegervater

Es gab sehr viele Gerüchte über meinen Schwiegervater, jeden Hinweis bin ich nachgegangen, den ich erfahren habe, ich wollte unbedingt meiner Frau helfen. In meiner Nachbarschaft gab es einen Mann, der mit meinem Verwandten zusammen gearbeitet hatte. Er erzählte mir sehr viel über Brigittes Vater, einiges, dass ich kaum glauben konnte. Auch mein Vater hatte einmal mit ihm zusammen gearbeitet, dies war genauso eine eigenartige Geschichte, er wollte zwar, dass ich Brigitte nicht heirate, aber über ihren Vater ließ er nie richtig etwas heraus, was er alles verbrochen hatte, was war da damals? Aber trotzdem mochte er Brigitte und war sehr gut zu ihr, tat sie ihm leid?

Ich wusste nur mit Sicherheit, dass mein Schwiegervater ein Voll-Alkoholiker war und meine Frau, Narben am Rücken hatte. Brigitte erzählte mir nur, dass sie angeblich in Scherben gefallen war, ich war überzeugt, das war nicht die Wahrheit, da war viel mehr im Spiel.

Es gingen Gerüchte um, dass jemand im Suff zu Tode kam, angeblich im Kampf, irgendetwas hatte sich mit einem Auto zugetragen. Deswegen ist er auch jedes Jahr nach Altötting zum Wallfahrten gefahren, weil alles gut ausgegangen war. Was war gut ausgegangen, das war die Frage, die ich wissen wollte? Was hatte das mit meiner Frau zu tun, ich glaubte, in dieser Alkoholiker Zeit, hatte mein Schwiegervater etwas Verhängnisvolles mit meiner Frau angestellt, ich wollte es unbedingt erfahren, für meine Frau: „Damit die Psychiater es erfahren und genau wissen, was sie zu tun hatten und Brigitte die Psychotherapie zu Ende bringen kann."

Angeblich hätte meine Frau noch eine uneheliche Schwester, dass wir nie beweisen konnten. Der Mann, der uns das sagte, war sich sehr sicher, aber wir hatten keinen einzigen Hinweis, nach wem wir suchen sollten. Aber mir war wichtiger, was ist in dieser Zeit mit meiner Frau alles geschehen, musste sie beobachten, wie er ihre Mutter im Suff geschlagen hat oder ist noch etwas Schlimmeres geschehen? Ich spürte immer wieder, dass er mit einem schlimmen Geheimnis kämpfte. Aber, er wollte es nie preisgeben, es hätte meiner Frau im Kampf gegen diese schlimme Krankheit gutgetan. Welche schlimmen Geheimnisse nahm der Schwiegervater mit in sein Grab?

Ich muss mir vorwerfen, ich hätte viel konsequenter nach den Geheimnissen suchen müssen, ich hätte es unbedingt in Erfahrung bringen müssen, auch eben für Brigittes Behandlung. Als Entschuldigung hatte ich nur, es wurden alle Fragen abgeblockt und die Psychotherapien verhindert, dass sie komplett durchgeführt wurden. Selbst meine Frau wich meinen Fragen aus, sie ließ nicht zu, dass über ihren Vater schlecht geredet wurde, obwohl jeder wusste, dass er ein schlimmes Geheimnis hatte.

Selbst die Ärzte und Psychotherapeuten schafften es nicht, das sie etwas ans Tageslicht brachten, auch hier blockte meine Frau immer wieder ab und sagte: „Da war nichts und sie wüsste nicht, dass da etwas gewesen wäre, wenn dann hatte sie es vergessen." Meine Frau wollte in der Psychotherapie zulassen, dass man mit ihr einige Hypnosesitzungen macht, dass sie in ihre Kindheit zurückversetzt, aber das wiederum hatte der Schwiegervater mit seinen Tabletten gezielt zu verhindern gewusst. Da hatte ich einen großen Fehler gemacht, ich hätte besser aufpassen müssen und das verhindern müssen, denn ich hätte wissen müssen, dass ihr Vater, zu so etwas fähig war und meine Frau die Tabletten zuließ.

Ich verstand allerdings bis heute nicht, warum ihre Mutter bei so etwas nicht einschritt und ihrer Tochter half? Ich hätte in dieser Situation, wenn ich anstelle ihrer Mutter gewesen wäre, sehr energisch eingegriffen, es wäre mit Sicherheit einiges anders abgelaufen. Was wusste ihre Mutter über diese geheimen Geschichten, sie blockte genauso alles ab? Wenn ich die Zeit zurückdrehen könnte, ich würde einiges anders machen, aber würde es dann wirklich helfen, wäre dann meine Frau wirklich jetzt gesund oder wäre dann alles noch schlimmer geworden, diese Frage, werde ich nie mehr beantwortet bekommen?

Aber meiner Frau geht es heute viel besser!

Kapitel 29

Schwiegervaters Tabletten

Diese Tabletten waren für mich ein rotes Tuch, ich wäre froh gewesen, wenn es sie nie gegeben hätte, es wären ein paar Probleme weniger gewesen und mit den Schwiegereltern hätte ich daraufhin wesentlich weniger gestritten. Die Krankheit und das Leben von meiner Frau wäre sehr wahrscheinlich ganz anders verlaufen.

Warum er selbst diese Tabletten einnahm, er behauptete, dass es ihn bei seinen Rückenschmerzen half, das konnte ich nicht verstehen, Psychopharmaka bei Rückenschmerzen? Das war schon komisch und dann gab er sie noch seiner Tochter weiter, einfach so. Warum?

Er schwor, auf seine Wundertabletten und nahm sie jeden Tag ein, er fühlte sich angeblich sehr wohl daraufhin. Ich würde sagen, er war auf die Tabletten süchtig, er nahm nicht eine von diesen Tabletten, er nahm täglich, ein paar von diesen Tabletten. Wollte er seine Alkoholsucht damit unter Kontrolle halten? Er gab meiner Frau meistens ein komplettes Glas von diesen Tabletten, ich war der Meinung, dass sich seine Tabletten nicht mit denen vom Bezirkskrankenhaus vertrugen und das er deswegen seiner Tochter, diese Tabletten nicht einfach geben durfte, aber er wusste alles besser, wie ich es schon beschrieben hatte.

Nicht einmal sein Hausarzt widersprach ihm und verschrieb immer weiter diese komischen Tabletten. Ich ging einmal zu seinem Hausarzt, stellte diesen zur Rede und wollte, dass er ihm verbot, diese Tabletten seiner Tochter weiterzugeben, auch mit ihm darüber reden oder noch besser, einfach keine mehr verschreiben, aber dieser Arzt meinte: „Dann geht er eben zu einem anderen Arzt und der verschreibt ihm bestimmt die Tabletten. Er weiß, dass diese Tabletten verheerende Nebenwirkungen haben, aber der Schwiegervater befiehlt, dass er diese Tabletten verschreibt, dann bekommt er eben, was er will." Es war ein Teufelskreis, aus dem ich nicht herauskam. Egal wie ich es anstellte, meine Frau kam immer wieder zu diesen verheerenden Tabletten und nahm sie immer wieder ein, mir war es egal, wenn der Schwiegervater auf diesen Tabletten hin, einen Suizid macht, aber meine Frau sollte, wegen diesen Tabletten keine weiteren Suizidversuche mehr tun. Ich bin mir in dieser Hinsicht keiner Schuld bewusst, denn ich versuchte alles und trotzdem bekam sie immer wieder welche und als ich es bemerkte, dass sie wieder welche eingenommen hat, war es meistens zu spät.

Ich redete oft stundenlang in meine Frau ein, dass sie keine Tabletten von ihrem Vater mehr annehmen sollte, ein paar Tage hielt ihr Versprechen, dann hatte sie diese blöden Tabletten wieder angenommen und geschluckt. Als arbeitender Mensch hatte ich keine Chance, der Schwiegervater hatte alle Zeit der Welt sich auszusuchen, wann er sie seiner Tochter überreicht. Er wollte es einfach nicht kapieren, dass er seiner Tochter damit schadete.

In diesem Sinn, hatte ich viele Fehler gemacht, ich hätte noch härter gegen meinen Schwiegervater vorgehen müssen, ich hätte Brigitte öfters kontrollieren müssen, ob sie diese Tabletten bei sich hatte, aber das wollte ich nicht, ich wollte Brigitte nicht wie ein kleines Kind jeden Tag kontrollieren, sie war eine erwachsene Frau und sie sollte wissen, was für sie gut war. Wenn ich einen Verdacht hatte, machte ich es deswegen trotzdem, aber nicht ständig. Ich wollte, dass ich Vertrauen zu meiner Frau haben konnte. Aber mit den Tabletten, konnte ich es nicht haben und muss mir vorwerfen, dass ich in diesem Punkt total versagt hatte.

Kapitel 30
Die Scheidung

Ich konnte nicht mehr anders, ich sah keinen Sinn mehr, unserer Ehe weiter zu führen, meine Frau war mehr im Krankenhaus, als zu Hause. Sie schaffte es nicht mehr, dass sie alleine in die Tagesstätte ging und blieb. Ich konnte sie kaum mehr eine Minute alleine lassen, die Ärzte brachten es nicht fertig, meine Frau mit Tabletten richtig einzustellen und für sie gute Therapien zu verordnen. Dazu kam ein Problem, dass ihre Eltern sehr alt wurden und sie ihre Tochter Untertags nicht mehr beaufsichtigen konnten, wenn sie nicht in die Tagesstätte gehen konnte. Ich müsste meine Arbeit aufgeben und zu Hause bleiben, ich glaubte, das würde ich nervlich auf keinen Fall durchhalten. Es ging nicht mehr, ich wusste nicht mehr, was ich tun sollte, dazu waren meine Nerven am Ende. Ich fühlte mich, als wäre ich eine Maschine, die den Tagesablauf nach genauem Zeitplan machte, ich hatte keine Minute Luft für mich, ich fühlte mich total ausgelaugt. Es ging nicht mehr anders, als mich von meiner Frau zu trennen, ich hatte in dieser Zeit, eine große Sehnsucht aus diesem Trott auszubrechen, um endlich ein anderes Leben führen zu können.

Ich bekam keine Unterstützung, im Gegenteil ich hörte nur Vorwürfe, dass ich zu wenig mache und mich um nichts kümmere. Nur meine Mutter, war auf meiner Seite und sie meinte ehrlich zu mir: „Dass ich das richtige tue, an mich denken muss und es besser wäre, dass ich mich trennen würde, denn es wird mit Brigitte nicht besser werden, vielleicht noch viel schlimmer." Große Gewissensbisse plagten mich, dass ich meine Frau alleine lassen würde und ich ein neues, ruhigeres Leben aufbauen würde. Ich wusste zu diesem Zeitpunkt nicht, dass ich für uns beide genau das Richtige in die Wege leitete. Warum das erzähle ich, in einem anderen Kapitel.

Ich hatte zu große Angst, was auf mich zukommen würde, vor allem, was ich Zahlen müsste: „Der Unterhalt, das ich Rentenpunkte verliere, was sonst alles auf mich zukam." Die Scheidung war schon sehr Nervenaufreibend für mich. Denn der Schwiegervater wollte mich noch vor seinem Tod finanziell total ruinieren, was ihm aber nicht geglückt war. Die vielen Briefe der Anwälte, Sozialgericht und Brigittes Heim und ihre Betreuerin, die belasteten mich sehr. Ich kam in dieser Zeit kaum zur Ruhe. Es war ein Krieg in Papierform, mein Scheidungsordner wurde immer dicker, aber ich überstand es.

Als ich dann selbst nach einer langen Krankheit wieder zur Ruhe kam und ich mich von der späteren Freundin getrennt hatte, wusste ich, dass ich genau das Richtige gemacht habe und ich es wieder machen würde, denn ich konnte das Leben beginnen, dass ich mir gewünscht hatte und ich wusste, dass es Brigitte jetzt ebenso, viel besser ging. Warum geht es auf einmal?

Kapitel 31

Ich hätte mich früher trennen müssen

Wenn ich das heute so sehe, hätte ich mich viel früher trennen müssen, dann wäre es Brigitte viel früher besser gegangen und ich wäre schneller zu meinem gewünschten Leben gekommen. „Aber nach dem finanziellen Gesichtspunkt habe ich es genau zum richtigen Zeitpunkt gemacht, so brauche ich nur zehn Jahre Unterhalt zahlen, hätte ich mich früher getrennt, müsste ich ein Leben lang zahlen."

Menschlich gesehen wäre es für uns beide besser gewesen, wenn ich früher die Scheidung eingereicht hätte. Da kommt wieder das Wörtchen, aber? Wäre sie in das gleiche, gute Heim gekommen, wäre sie genauso gut in dem Heim behandelt worden, hätte sie es genauso geschafft, dass sie gute Fortschritte macht? Wer weiß, es musste alles so sein, ich hätte mich so und so nicht früher scheiden lassen, auch wenn ich die Zeit zurückdrehen könnte, ich würde bestimmt, genauso weiter machen und daran glauben, das alles einmal besser werden würde. Ich müsste bestimmt erst wieder am Ende meiner Kräfte sein, auch Brigitte müsste ebenso am Ende sein. Sie wusste ganz genau, dass dieser Zeitpunkt kommen würde, dass wir uns trennen würden. Meine Analyse in diesem Punkt wäre: „Meine Frau und ich würden mit Sicherheit, genauso wie damals, bis zum Zusammenbruch nicht voneinander loslassen, auch wenn es noch so Falsch ist."

Kapitel 32
Der Hund

Der kleine Hund spielte eine ganz große Rolle in unserem Leben. Als Nelli in unser Heim kam, änderte sich unser komplettes Leben. In dieser Zeit hatten wir unbewusst den größten Fehler in unserem Leben gemacht. Der kleine, liebe Hund konnte nichts dafür, meine Frau konnte keine Kinder bekommen, so beschlossen wir: „Dass wir uns einen kleineren Hund zu uns holen und somit ein neues Familienmitglied bekommen." Ich mag Hunde sehr, ich war schon mit einem aufgewachsen, so konnte ich nicht nein sagen. Der Schwiegervater war in Rente und er wollte Untertags mit seinem Hund und Nelli öfters Gassi gehen, da konnten wir nichts dagegen sagen, im Gegenteil wir waren sehr froh darüber und so konnten wir Nelli zu uns holen und dachten, alles war somit in Ordnung.

Nichts war in Ordnung, die Schwiegereltern machten sich Untertags in unserer Gartenwohnung breit und wollten sich in unser Leben einmischen und alles ändern, so wie es ihnen passte. Ich bekam immer öfter mit den Schwiegereltern Streit und so begann dann unser Unheil, unser Leben änderte sich schlagartig. Wir hatten unser Verderben selbst ins Haus geholt und bald darauf machte Brigitte ihren ersten Selbstmordversuch. Daraufhin kamen die schlimmsten Jahre unseres Lebens, auch für Nelli änderte sich bald das Leben, sie hatte kein schönes Hundeleben mehr, nachdem ich den Schwiegereltern den Hausschlüssel abgenommen hatte, war der arme, kleine Hund sehr viel alleine. Ich versuchte trotzdem, dass ich ihr Leben einigermaßen noch schön machen konnte, aber trotzdem fand ich, dass es nicht das war, das ich für sie gedacht hatte, nichts war mehr so, als wir uns das vorgestellt hatten, unser Leben war nur noch ein Chaos.

Ich merkte sehr bald, dass ich mit meinem kleinen, vierbeinigen Mädchen einen verhängnisvollen Fehler gemacht hatte, weil ich die Schwiegereltern somit ins Haus gebracht hatte, sie meine Frau negativ beeinflussten und vielleicht schon da, die blöden Tabletten ins Spiel kamen, dass ich leider nicht beweisen konnte und nicht weiß.

Ich hätte nie geglaubt, dass ein Hund einen negativen Einfluss auf unser Leben haben könnte. Der Hund war sehr lieb und nett, aber das was er ausgelöst hatte, war verheerend. Dass was ich jetzt weiß: „Ich hatte ab diesem Zeitpunkt, als Nelli zu uns kam, mit zwei psychisch-kranken Personen zu tun, mit meiner Frau und dem Schwiegervater, dass es daraufhin, zu einer Scheidung kommt, hätte ich nie geglaubt."

Trotzdem halfen mir auch Hunde. Nachdem meine Scheidung durch war und ich mich von meiner manisch-depressiven Freundin getrennt habe, nach einer langen Krankheit wieder auf die Füße kam, hatte ich natürlich wieder Hunde und konnte ein neues Leben anfangen, meine zwei Dackelmischlinge hatten mir dabei sehr geholfen.

Ich werde jetzt immer Hunde haben, aber das gesamte Umfeld muss für den Hund stimmen, er darf nicht lange alleine gelassen werden, er muss raus können, er braucht einen Garten, wenn ich die Zeit zurückdrehen könnte. Ich würde in dieser Zeit keinen Hund mehr haben, das war der schlechteste Zeitpunkt, um ein neues Familienmitglied zu haben.

Das hatte der Schwiegervater nur für sich genutzt, um sein Vorhaben durchzusetzen. Wenn ich, dass alles früher gewusst hätte, hätte ich Nelli nie, in unser Heim gelassen, das war der größte Fehler, den wir gemacht haben, das Leben wäre dann sehr wahrscheinlich ganz anders verlaufen. Wie, kann ich leider nicht beurteilen, aber bestimmt besser?

Kapitel 33
Meine Arbeit

Das ist auch ein Thema, da hatte ich Fehler gemacht, die nicht mehr vorkommen dürfen. Einesteils muss ich gestehen, dass meine Arbeitskollegen mit Brigittes Krankheit mir sogar geholfen hatten, als ich fast am Verzweifeln war und mal wieder eine schlechte Nachricht bekam. Mein Meister ließ mich sogar öfter früher gehen, ich musste zwar die Stunden wieder einarbeiten, dass in meinem engen Zeitplan sehr schwierig war. Brigitte schaffte es immer wieder, dass ich in der Arbeit Probleme bekam, so konnte ich es nicht verhindern, dass meine Arbeitskollegen von meinen Problemen wussten.

So brauchte ich mich nicht zu wundern, dass einige Kollegen mir zur Scheidung oder zu einer Beziehung mit einer anderen Frau geraten hatten. Sie standen auch nach meiner langen Krankheit hinter mir und verstanden es, dass ich keine Nachtschicht mehr machen konnte und in eine andere Abteilung wechselte.

Sie waren genauso geschockt, wie ich, als sie von dem Selbstmord von meinem Schwiegervater hörten und waren genauso überzeugt wie ich, dass der Schwiegervater mich und meine damalige Freundin mit in den Tod nehmen wollte und das er sehr wahrscheinlich der Grund war, dass meine Frau psychisch-krank war.

Aber die Arbeitszeiten und Brigittes Krankheit machten mich selbst krank. Den Stress, den ich mit meiner Frau hatte und die Schichten, die ich zu arbeiten hatten, nagten immer an meiner Gesundheit, diese Wechselschichten konnte ich nicht mehr ertragen, ich konnte kaum mehr schlafen, in der Nachtschicht hatte ich keine Ruhe und musste immer daran denken, was in dieser Zeit meine Frau machte. Ich fand keine Ruhe mehr und konnte nicht mehr ruhig schlafen, mein Körper wusste oft nicht mehr, ob ich bei der Nacht oder bei Tag schlafen musste. Ich fühlte mich fix und fertig, total ausgelaugt.

Aber ich konnte Brigitte nicht alleine die Schuld an meiner Krankheit geben. Da war auch noch Sabine, die mir, mit ihrer manisch-depressiven Krankheit den Rest gab. Dann waren natürlich noch meine Schichten und meine Familie, die mit mir täglich stritten. Das gesamte Paket war absolut nicht gut.

So komme ich zu der Analyse, ich hätte viel früher die Nachtschicht beenden müssen, meine Vorgesetzten hätten mir bestimmt ein paar Jahre früher, genauso geholfen, die Wechselschicht zu beenden, vielleicht wäre ich nicht so krank geworden. Vielleicht hätte ich daraufhin alles viel leichter ertragen. Ich hätte meine Probleme mit Brigittes Krankheit in meiner Abteilung viel länger verheimlichen müssen, so gut wie es ging, das wäre mir bestimmt sehr behilflich gewesen. Auch wenn ein Kollege von Anfang an alles gewusst hat, weil er nebenberuflich beim Rettungsdienst gearbeitet hatte. Ich denke, das wäre mir sehr behilflich gewesen und ich würde heute meine Schichtarbeiten viel früher beenden.

Kapitel 34
Mein Glauben

Als meine Frau krank wurde und sehr viele Suizidversuche machte, haderte ich immer mehr mit meinem Glauben, als mein Vater krank wurde und daraufhin starb, verlor ich meinen Glauben an Gott, ich glaubte: „Er hat mich vergessen und quält mich, es kann keinen Gott geben, der so ein Schicksal zulässt."

Danach kam die Beziehung, mit einer manisch-depressiven Freundin, da rutschte ich immer mehr in den Abgrund, mein Onkel starb, meine Mutter hatte einen Freund, den aber meine Tante absolut nicht ausstehen konnte und sie fingen deswegen mit mir zu streiten an. Ich konnte alles nicht mehr zu ertragen, ich hatte die manischen Anfälle von meiner Freundin, die mich sehr belasteten, meine Scheidung, die mich sehr nervte und meine Tante, die nichts anderes wusste, als mit mir täglich Auseinandersetzungen auszutragen. Ich dachte, ich konnte nicht mehr tiefer fallen. Bald darauf kam ich selbst ins Krankenhaus in die Intensivstation. Ich glaubte wirklich, es gibt keinen Gott mehr für mich, er will, dass ich nur noch leiden muss, dass ich aus dem Verderben nicht mehr herauskomme. Ich fand nicht das Geringste, das mir Hoffnung gab und mich an etwas glauben ließ, nicht einmal an mich selbst.

Aber, es gab später einen Hoffnungsschimmer, ich hatte keine manische Freundin mehr. Ich musste dann später auf eine Reha und fand mein Glück und hatte damit wieder Hunde. Später habe ich mit meiner Tante den Kontakt abgebrochen. Es ging steil aufwärts und fand zugleich meinen Frieden.

Ich fand meinen Glauben wieder. Aber war dann sehr nachdenklich, in mir liefen immer wieder die letzten Jahre durch den Kopf und es kamen die Gewissensbisse gegenüber meiner Frau zurück. Hatte mich Gott bestraft, weil ich mich scheiden ließ? Wer weiß? Ich hatte die schwere Zeit überstanden, lebe noch und dass nicht mehr alleine.

Aber es war ein sehr langer und harter Weg, den ich gehen musste und viele Opfer bringen musste, keine Hilfe hatte. Ich dachte oft daran, dass der Tod eine Erlösung wäre, bloß das ich nicht mehr Leiden muss. Aber es sollte nicht so sein, warum?

Ich denke jetzt so darüber, Gott wollte mich nicht für meine Scheidung strafen, denn unser Leid begann schon viel früher, als wir keine Kinder bekamen und meine Frau sehr krank wurde. Wir hatten sehr harte Prüfungen bekommen, die ich wahrscheinlich nicht bestand, denn ich hatte in dieser Zeit den Glauben verloren.

Jetzt würde ich anders darüber denken, ich hätte den Glauben nicht verlieren dürfen, sondern mich daran festhalten müssen, dann hätte ich vielleicht alles besser überstehen können, vielleicht hätte es mich gestärkt und ich hätte alles besser verstanden. Ich wäre sehr wahrscheinlich nicht so verzweifelt gewesen. Vielleicht verzeiht er es mir, das ich damals den Glauben verloren habe.

Vielleicht hatte mir Gott geholfen, meine Krankheit Burnout und mein Bierproblem zu überstehen. Ich hatte dann wieder die Kraft ein neues Leben zu beginnen und nach vorne zu blicken. Heute sehe ich alles mit anderen Augen und ich habe eine ganz andere Lebenseinstellung, ich würde, wenn ich die Zeit zurückdrehen könnte, nicht mehr den Glauben verlieren, sondern mich daran festhalten. Ich würde einiges anders machen.

Kapitel 35
Meine Mutter

Meine Mutter verhielt sich, als meine Frau krank wurde, sehr zurückgezogen. Doch die ersten Monate war sie ein paar Mal im Bezirkskrankenhaus und führte sogar Arztgespräche. War es nur Neugierde, wie es in dem Krankenhaus auf und zu ging? Dann hörte ich von ihr nicht mehr viel.

Erst als mein Vater krank wurde und starb, dann erinnerte sie sich wieder, dass sie einen Sohn hatte und ich musste jeden Tag für sie da sein und mindestens einmal am Tag stundenlang mit ihr telefonieren oder zu ihr kommen, obwohl ich eigene große Probleme mit meiner Frau hatte. Ich hätte öfter, auch mal eine Hilfe gebrauchen können, im Haushalt, im Garten oder für den Hund. Wenn sie einmal kam, wollte sie mit mir Kaffee trinken und sich mit mir unterhalten, obwohl sie vorhergesagt hatte, „Sie würde mir helfen." Sie redete stundenlang mit mir und nichts war geschehen, sie ging dann mit meinem Vater oder mit ihrem Freund, das Kaffeegeschirr blieb stehen, ich konnte doch alles selbst aufräumen. Was hatte sie mir geholfen, sie hatte mich nur von meiner Arbeit, die gemacht werden müsste, abgehalten und diese blieb liegen, ich konnte sie dann später selbst verrichten. Manchmal brachte sie einen Eintopf vorbei, sie meinte, der ist gesund und den sollte ich essen, ich konnte ihn nicht mehr sehen, noch schmecken, es war immer der Gleiche.

Als meine Mutter ihren Freund kennenlernte, war ich dann wieder vergessen, nur als meine Tante ihren Freund anfeindete, war ich wieder recht, ihn zu verteidigen. Ich ließ nichts über ihn kommen, er war ein herzensguter Mann. Ich kam sehr gut mit ihm aus, aber meine Mutter war wochenlang nicht zu sehen, nur zum Streiten am Telefon, wegen meiner Tante, obwohl ich andere Probleme hatte, da brauchte sie mich. Meine Probleme waren immer schnell vergessen, ich hörte dann oft: „Das schaffst du schon."

Ich konnte nicht oft mit ihr über meine Angelegenheiten und Probleme auszusprechen. Wenn sie einen Partner hatte, war sie nicht mehr zu sehen und ich hörte wochenlang von ihr nichts. Hatte sie keinen, musste ich am besten nur noch für sie da sein und ihre Probleme anhören. Es war eigentlich besser, sie hatte einen Partner, dann hatte ich meine Ruhe. Meiner Tante hätte nie ein Partner gefallen, den meine Mutter kennenlernt hat, egal wer es gewesen wäre.

Warum schritt meine Mutter in diesem Streit nicht einmal ein und sagte zu ihrer Schwester: „Dass dies mich eigentlich nichts angehe und ich nichts damit zu tun haben müsste." Warum machte sie das nicht, mit ihrer Schwester alleine aus, warum brauchte sie mich dazu, obwohl ich meiner Tante und meiner Mutter gesagt hatte: „Ich habe meine eigenen Probleme, ich will davon nichts wissen." Aber sie kannten keine Rücksicht und keine Gnade. Heute würde ich zwar ihren Freund verteidigen, aber ich würde meiner Mutter sagen, das mit ihrer Schwester müsste sie selbst in Ordnung bringen, das geht mich nichts an, ich habe, meine eigenen Probleme, die ich zu bewältigen habe.

Wenn man eine psychisch-kranke Frau hat, braucht man einen Zusammenhalt in der Familie und Hilfe, man muss an einem Strang ziehen, sonst zerbricht man selbst an der Krankheit.

Kapitel 36
Tante und Onkel

Mein Onkel war ein herzensguter und ruhiger Mensch, er war für Brigitte und mich immer präsent, wenn wir ihn brauchten, erst als er Lungenkrebs bekam und meine Mutter ihren Freund kennenlernte, wurde meine Tante sofort aggressiv. „Ich habe eine gewisse Vorstellung, warum das so war?"

Wir trafen uns mit Tante und Onkel nicht häufig, aber sie spielten doch eine wichtige Rolle in unserem Leben, weil ich durch ihre Streitigkeiten nervlich fertig gemacht wurde und es meiner Frau immer danach sehr schlecht gegangen war. Uns ging der Streit überhaupt nichts an, aber wir hatten die Folgen zu tragen.

Meine Tante hatte schon früher bei Feierlichkeiten Unruhe in die Familie gebracht, daraufhin war die Feier zu Ende. Meine Frau hatte deswegen einen Anfall bekommen, sie hatte geglaubt, sie war schuld daran und hat sehr darunter gelitten. Brigitte bekam immer alles ab, sie kam daraufhin mit einem psychischen Schub zurück in das BKH, zum Dank wurde sie noch fixiert. Meine Verwandten wussten nicht, was sie uns damit angetan haben und wollten es auch nicht begreifen, damit war ich der Schuldige und meine Frau das Opfer.

Ich verstehe heute, warum meine Tante wollte, dass Mutters Freund verschwinden sollte. Sie glaubte, wenn meine Mutter nicht liiert wäre, dann hätte sie mehr Zeit für sie zur Verfügung und müsste für sie immer da sein, zu jeder Zeit. Das Gleiche versuchte sie bei mir, aber damit hatte sie keinen Erfolg, nur das wir jetzt keinen Kontakt mehr haben, bis heute. Sie wollte, dass ich für sie wie ein Knecht da sein sollte, Tag und Nacht, jede Minute zur Stelle sein.

Jeden Tag wurde ich mit bösen Telefonaten buchstäblich bombardiert und es wurde wild in mich eingeredet. Ich hatte schon mit dem Gedanken gespielt den Stecker vom Telefon zu ziehen. Aber da war ein Problem. Manchmal rief meine Frau vom BKH an oder die Tagesklinik und in der Scheidung meine Anwältin, die rief meistens an, wenn sie Feierabend machte. Ich wollte zwar das Telefon abstecken, aber das konnte ich deswegen nicht.

Sie wusste, dass ich große Probleme hatte, aber sie war der Meinung: „Ihre Probleme gehen vor, wenn ich ihr Problem gelöst hätte, dann erst kann ich meine Probleme lösen." Ich hatte viele Stunden telefoniert, die mir dann später bei meiner Hausarbeit oder anderen Dingen fehlten. Nach jedem Gespräch war ich erst nervlich am Ende und konnte meine Arbeit nicht gleich beginnen.

Ich denke: „Meine Tante weiß nicht, was sie durch diese Gespräche in mir kaputt machte und damit meine Brigitte bestrafte." Ich bin später in die Intensivstation mit einem Magenloch eingeliefert worden und bekam daraufhin ein

Burnout. Da sie nie damit aufgehört hatte, habe ich den Kontakt abgebrochen. Es hatte die ganze Familie zerstört, die ganze Zusammengehörigkeit hat darunter gelitten. Eine Familie, die nicht funktioniert kann krank machen. Meine Tante hatte bis heute eine Unruhe in die Familie gebracht, die heute keine mehr ist. Eine einzige Person kann alles zerstören, was andere aufbauten und für Frieden sorgten. Mein Onkel hat am Sterbebett nur ein Wort gesagt: „Frieden." Er hatte genau gewusst, warum er es gesagt hatte. Dieser Frieden, glaube ich, würde nie mehr in unsere Familie einkehren können.

Vielleicht, wenn meine Frau und ich, den Frieden gehabt hätten, wäre alles besser gewesen und dann hätte ich mich intensiver um meine Frau kümmern können. Ihre Krankheit wäre anders verlaufen, sie hätte bestimmt besser mit ihrer Krankheit leben können. Aber es sollte nicht sein, wir hatten auch von dieser Seite keine Unterstützung bekommen, im Gegenteil. Wer weiß, was heute dann wäre?

Wenn ich die Uhr zurückdrehen könnte, würde ich auch in dieser Angelegenheit einiges anders machen, ich würde mit meiner Tante viel früher den Kontakt abbrechen und die Telefonate verbieten, sie dürfte mich nie mehr anrufen, dann wäre bestimmt in unserer Familie einiges anders abgelaufen, vielleicht viel besser und ich wäre vielleicht nicht krank geworden. Wer weiß?

Kapitel 37
Ich

Ich habe in dieser Zeit, als ich mit Brigitte zusammen war, leider einiges falsch gemacht. Hätte ich alles vorhersehen können? Das wäre nicht möglich gewesen. Wenn man das alles Wissen würde, was man heute weiß, dann würde man einiges ändern. Es ist einfach menschlich, dass Fehler gemacht werden, aber man macht sich trotzdem Vorwürfe, was wäre, wenn ich das so getan hätte? Darauf kann mir heute niemand eine Antwort darauf geben?

Erstens, hätte ich auf die Warnung von meinem Vater gehört, wäre ich mit Brigitte nie verheiratet gewesen. Hätte ich vielleicht eine andere Frau kennengelernt, wäre dann alles besser geworden? Was wäre aber dann passiert, hätte ich eine schönere Zeit mit ihr verbracht, dass weiß niemand? Aber ich war glücklich mit meiner Frau, gerade in dieser Zeit, als es uns gut ging und wir mit unseren Freunden Motorrad gefahren waren.

Ich hätte nicht zulassen dürfen, das wir die kleine Nelli in unser Heim holten und die Schwiegereltern sich daraufhin in unserer Wohnung breitmachten. Somit hätten sie meine Frau nicht beeinflussen können und ich denke, meiner Frau wäre es bestimmt besser gegangen oder die Krankheit wäre vielleicht später ausgebrochen und nicht so intensiv. Wissen kann man das nie, aber ich glaube daran? Ich hätte mir mit Sicherheit viel Ärger erspart und meine Frau hätte ihr Leben so weiterführen können, wie sie es gewollt hätte, das wäre bestimmt für sie gut gewesen?

Ich hätte mich viel härter durchsetzen müssen bei meinem Schwiegervater und seinen Tabletten, damit wären sehr wahrscheinlich Brigitte einige BKH Aufenthalte erspart geblieben, aber ich war einfach zu gutmütig und wollte das Richtige tun, aber hatte doch das Falsche getan.

Vielleicht hätte ich nicht jeden Tag in das BKH rennen und auf die Ärzte hören sollen, ich war nur noch eine Maschine, die auf die Minute zeitlich abgestimmt war. Ich merkte nicht, dass mein Limit erreicht war, ich war heiß gelaufen. Ich hatte mich selbst fertiggemacht und bin dann später auf der Intensivstation aufgewacht, das wäre bestimmt nicht nötig gewesen. Ja, heute würde ich einiges anders machen und mehr an mich denken und öfters eine Auszeit nehmen und mich wieder erholen. Vielleicht geht es den Patienten, dann auch besser, wenn er merkt, dass es seinen Partner gut geht und nicht so genervt wirkt.

Vielleicht hätte ich doch auf die Selbsthilfegruppe hören sollen, damals hatte ich mir gedacht, das lässt sich nicht umsetzen, was die sagen, das ist nicht möglich. Denn sie sagten: „Man muss an sich denken, sonst geht man selbst zugrunde. Jeder Mensch sollte ein Recht auf Eigenleben haben, obwohl er sich um seinen Patienten kümmern muss!"

Aber in der Geschichte gibt es noch eine Mutter und ihren Freund, dazu Tante und Onkel. Die haben mir ganz schön zugesetzt und mich jeden Abend genervt. Auch ihnen hätte ich viel härter entgegentreten müssen. Ich hätte es einfach abstellen müssen, dass sie mich jeden Tag anrufen und mit mir streiten. Gesundheitlich würde es mir bestimmt besser gehen und ich hätte ein viel ruhigeres Leben gehabt. Ihre Drohungen haben sie trotzdem wahr gemacht, obwohl ich alles für sie getan habe und trotzdem der Bösewicht der

Familie war, ich Trottel war immer für sie da. Also was sagt das einem, man soll so leben, wie es am besten geht und muss einmal „Nein" sagen können.

Mit den Ärzten arbeiten, würde ich nach wie vor, ich würde nicht allem widersprechen, aber ich würde auch nicht mehr alles tun, was sie von mir verlangen würden. Ich würde es nach meinem Leben abstimmen.

Ein Arzt im BKH hatte gesagt: „Meine Frau müsse weit weg, von allen Verwandten und ihrem ganzen Umfeld, am besten nach Hamburg, dass sie niemand besuchen kann" Ich hatte damals gesagt: „Was für ein Blödsinn, der Arzt hat sie doch nicht alle, warum sollte meine Frau so weit weg, das bringt doch nichts." Aber heute weiß ich, er hatte total recht, er hatte meine Frau durchschaut und unsere gesamte Familie. Warum, darauf komme ich später zurück. Genau das sind die Dinge, die ich persönlich anders machen würde.

Wenn ich das alles durchgesetzt und gemacht hätte, würde einiges anders sein. Würde es ihr und mir heute besser gehen? Das weiß nur Gott. Ich glaube, das hätte ihr und mir geholfen. Warum, das schreibe ich in einem anderen Kapitel.

Ich denke, was ich damals in diesem Krankenhaus beobachtet hatte, dass die Rückfallquote sehr hoch war, vielleicht waren die anderen Personen auch nicht richtig auf das alleine zu Hause sein, vorbereitet gewesen. Ein paar Stunden Ausgang zu Hause sein, konnten, das anscheinend nicht erreichen. Ich hoffe, dass sich das inzwischen geändert hat. Ich denke, das hätte man bestimmt therapieren können. Gut, die ersten Ärzten hatten ihr, mehre Therapien aufgeschrieben, wie Arbeitstherapie und sonstige, da hielt es meine Frau viel länger zu Hause aus, sie war auch ganz anders. Später hatte meine Frau andere Ärzte, dann bekam sie so gut wie keine Therapien mehr. Sagten sich die Ärzte vielleicht: „Die, kommt so und so bald wieder, da brauchen wir nicht mehr viele Therapien aufschreiben, das macht keinen Sinn?" Bei ihren letzten Aufenthalten im BKH, bekam sie überhaupt keine Therapien mehr, wer weiß welche Gründe die Ärzte hatten? Hielten die Ärzte sie nicht mehr für therapierbar, war sie austherapiert, nur mit Tabletten voll stopfen, die nicht halfen, nur Ruhigstellen, das war damals wichtig?

Die letzten Jahre vor unserer Scheidung wurden ihre Aufenthalte zu Hause immer kürzer, sie verbrachte die meiste Zeit nur noch in der Geschlossenen, diese Station war schon ihre zweite Heimat geworden, aber ihre Aufenthalte wurden immer kürzer, schnell wurde sie meistens wieder entlassen, es war ein kommen und gehen. Ich konnte nur von zu Hause aus, nach der Arbeit hin und her fahren. Ich war deswegen auch nicht mehr viel daheim und Nelli war fast nur noch alleine, ich war nur noch unterwegs und gestresst. Sie redete mit anderen Freundinnen schon selbst über Scheidung, ich war anfangs geschockt und glaubte, selbst nicht daran, dass es soweit kommen würde, aber es musste so kommen, es ging nicht mehr anders. Sie verlor ihr wirkliches zu Hause und zog in ein anderes ein, dass jetzt ihr neues zu Hause ist. Wie es da ist, werde ich später in einem anderen Kapitel erzählen.

Dass, sich unser Leben so verändern würde, hätte ich mir früher im Traum nicht vorstellen können. Aber im Nachhinein war es richtig, aber schade, dass es so kommen musste.

Kapitel 38
Brigitte heute

Die ersten Jahre nach meiner Scheidung, durfte ich meine Ex-Frau nicht besuchen, wir konnten aber telefonieren. Die Betreuerin erklärte: „Das es sie nach meinem Besuch in ein tief ziehen würde und es ihr viel schlechter gehen würde." Ich verstand das und hielt mich daran und ich telefonierte nur ein paar Mal mit ihr. Ich merkte, dass sie den Tod von ihrem Vater, gut weggesteckt hatte und nicht mehr traurig darüber war, sie sagte: „Sie weiß jetzt das ihr Vater schuld sei an ihrer Krankheit und das kann sie ihm nie verzeihen." Sie war traurig darüber, dass ihre Mutter sie nicht mehr so oft besuchen konnte, da sie kein Auto fahren konnte und erzählte, dass sie einen netten Freund kennengelernt hat, das was ich zu hören bekam, freute mich für sie, sie wirkte viel stabiler, als damals und sie bekam wieder Spaß an ihrem Leben.

Nach ein paar Jahren, nach dem ich meine jetzige Frau kennengelernt hatte, fuhren wir zusammen zu meiner Ex-Frau, was ich sah und zu hören bekam, überraschte mich sehr. Sie war in dem Heim, aber ist vor kurzem in eine Wohnung im betreuten Wohnen umgezogen, sie hatte eine nette kleine Wohnung, sie konnte wieder selbstständig sein, sie arbeitete in einer behinderten Werkstätte und verdiente sich etwas zu ihrer Rente, das überraschte mich sehr, im Positiven.

Wir gingen dann zusammen durch den kleinen Ort und dann später in ein Kaffee, dort unterhielten wir uns, Brigitte erzählte dabei ihre Geschichte und ich meine. Sie erzählte uns, dass sie nach Vaters Tod sehr niedergeschlagen war und damit sehr schlimme depressive und schizophrene Schübe hatte, aber dann erkannte sie, dass er alleine Schuld war, dass sie die Krankheit hatte. Daraufhin ging es mit ihr nur noch aufwärts, sie war allein und die Ärzte konnten mit ihr gut arbeiten, sie schaffte sogar eine Psychotherapie, sie bekam nach und nach andere Tabletten und sie braucht nicht mehr so viele Tabletten einnehmen. Sie bekam viele verschiedene Therapien, die wichtigste die sie vollständig gemacht hatte, war die Psychotherapie, sie fühlt sich jetzt wie ein ganz anderer Mensch. Nur das sie heute trotzdem noch eine Betreuerin braucht.

Sie sagte zu mir, das ich genau das Richtige gemacht hätte, mich scheiden zu lassen, zuerst war sie sehr sauer auf mich, aber als die Ärzte mit ihr alleine arbeiten konnten und es mit ihr aufwärts ging, dann wusste sie, dass es richtig war. Sie freute sich, dass ich jetzt eine nette Frau habe, die Frauen verstanden sich sehr gut und unterhielten sich. Brigitte freute sich über unseren kleinen Hund Chiko, der sie sofort begrüßte.

Das war eine große Überraschung für mich, ich konnte es nicht glauben, wie Brigitte sich gebessert hatte, ich hatte immer noch den Tag vor Augen, als wir uns das letzte Mal vor der Scheidung sahen, wie sie aussah, die Füße zitterten, der Speichel lief ihr aus dem Mund, sie lief ganz schief, alles war jetzt nicht mehr zu sehen.

Sie hatte den gleichen Gedanken wie ich, der Arzt damals im BKH, der gut war und meine Frau mit Tabletten sehr gut eingestellt hatte, nur die Nebenwirkung war nicht okay, der zu uns sagte: „Meine Frau müsste ganz weit weg und müsste von guten Ärzten dort alleine behandelt werden, dann hat sie eine große Chance gesund zu werden, das sie mit dieser

Krankheit gut leben könnte, anders hat sie eigentlich keine Chance." Diese Sätze hatte meine Frau, genauso wie ich noch im Ohr. Sie wusste genauso wie ich, noch seinen Namen und das war jetzt genauso der Fall gewesen und alles hatte sich für sie gebessert.

Wir fuhren, dann öfters zu Brigitte sie freute sich am meisten auf Chiko, denn sie darf dort keinen Hund haben, aber sie würde gerne einen besitzen. Da diskutierten wir einmal das Thema: „Warum hatte es das BKH nicht geschafft, sie so zu therapieren wie dieses Heim in dem sie jetzt wohnt." Wir kamen zu der Meinung: „Erstens, sie war alleine dort und leichter zu therapieren. Zweitens, ihr Vater war tot, er konnte sie nicht mehr beeinflussen, drittens, ich war nicht mehr da, so konnte sie sich an mir nicht mehr anlehnen und festhalten und nicht mehr darauf hoffen, dass ich für sie alles in Ordnung bringen würde. Viertens, sie musste ihre Psychotherapie durchziehen und dabei kam einiges heraus, das behandelt wurde, was, das verriet sie nicht, aber es hatte mit ihrem Vater zu tun, so viel sagte sie doch? Fünftens, sie musste etwas tun und dabei hatte sie keine große Hilfe, sechstens, sie muss sich um alles selbst kümmern, siebtens, sie musste einen eigenen Freundeskreis aufbauen, denn sie hatte niemand, der ihr sonst half."

Aber danach kamen wir auf das BKH zurück, warum schafften sie es nicht, Brigitte so zu therapieren: „Denn sie hatten zu großen Ärztewechsel, keiner der Ärzte konnte sich richtig auf den Patienten einstellen, sie hatten nur ein paar Tabletten zur Auswahl zum Verordnen und sie nahmen sich zu wenig Zeit dafür, sie richtig einzustellen, sie hatten sehr wahrscheinlich genaue Vorgaben von den Krankenkassen und der Pharmaindustrie, welche Tabletten sie verordnen durften und das war bestimmt ein viel zu kleiner Rahmen, den sie benutzen durften, obwohl es vielleicht viel bessere Tabletten gab. Sie konnten bestimmt nur für eine Zeit ein paar Therapien verordnen und das war es dann, eigentlich eine Unverschämtheit. So schnell es ging, wurde der Patient entlassen, denn das würde zu viel Geld kosten und sie wundern sich, dass es immer mehr Patienten werden und ihre Räumlichkeiten schon lange nicht mehr ausreichen. Auf den Angehörigen wollen sie schon gar nicht eingehen, der muss einfach das tun, was die Ärzte von ihm verlangen, irgendwie wird schon alles gut gehen."

Jetzt hatte Brigitte ein Ergebnis, auf das sie stolz sein konnte. Aber sie hat trotzdem ein Erbe, mit dem sie ein Leben lang kämpfen muss, denn die Krankheit ist nach wie vor chronisch. Diese Krankheit wird sie nie mehr loswerden, aber sie hatte das erreicht, was ich mir immer gewünscht habe, sie kann damit leben und in ihrer Wohnung alleine leben. Sie kann jeden Tag unter der Woche in die Behinderten-Werkstätte gehen und kleine Tätigkeiten machen und sie verdient angeblich sich ein paar Euro dazu, darauf kann sie stolz sein. Sie kann etwas für sich alleine machen, ohne dass sie beaufsichtigt werden muss. Es braucht niemand Angst haben, dass sie etwas anstellt oder dass sie sich etwas antut und gesucht werden muss. Sie hatte jetzt das geschafft, was ich mir immer gewünscht hatte, aber es war für uns zu spät, aber für sie ist es nie zu spät, sie hat sich jetzt in das Leben zurückgeholt und kann stolz darauf sein, denn sie hat es endlich geschafft.

Jetzt können wir nur darauf hoffen, dass es bleibt und sie keinen größeren Rückfall bekommt und sie keine depressiven und schizophrenen Schübe mehr bekommt. Wir wollen doch mit Chiko, sie mal wieder besuchen kommen, wir würden uns freuen eine lebenskräftige Brigitte wieder zu sehen.

Kapitel 39

Im Gesamten

Nachdem ich alles durchdacht habe, komme ich zu der Analyse, dass ich vieles anders machen würde, ob ich damit die lange Krankheit meiner Frau verhindern könnte, ist eine andere Sache, ob ich meine Krankheit verhindern könnte, ist eine andere Frage, die ich nicht wissen kann? Aber, wenn ich die Zeit zurückdrehen könnte, würde ich es versuchen. Was hätte ich zu verlieren?

Das BKH und die Tagesstätte kann ich nicht ändern, es ist das einzige Krankenhaus dieser Art in meiner Stadt, nur dort würde sie eingeliefert werden, die Therapien und Tabletten die sie verordnen, muss ich akzeptieren, ob ich will oder nicht. Trotzdem hätte ich wesentlich mehr Druck auf die Ärzte machen sollen, dass sie bessere Tabletten bekommt und dass sie bessere Therapien verordnen würden, vielleicht hätte es doch noch eine andere Möglichkeit gegeben. Bei der Tagesklinik, hätte ich nur eine Möglichkeit, ich hätte noch eine andere Tagesstätte versuchen können, vielleicht wäre diese besser gewesen und ich hätte mit dieser anders zusammenarbeiten können. Ich muss im Nachhinein zugeben, dass ich in dieser Beziehung einiges versäumt hatte.

Den Schwiegervater konnte ich nicht ändern, in meinen Augen, war er immer psychisch-krank und die Schwiegermutter würde noch immer, nur im Hintergrund stehen, der Sache zusehen und nur an uns herumnörgeln. Nichts würde sich da ändern, ich würde aber versuchen, den Kontakt so gering wie möglich zu halten oder sogar komplett abbrechen. Aber würde Brigitte da mitmachen, das ist die andere Frage?

Meine Familie besonders Mutter, Tante und Onkel würden sich auch auf keinen Fall ändern, wenn ich sie darauf ansprechen würde, könnte nur eines passieren, sie würden es versprechen und nichts passiert oder sie meinen, ich müsste immer für sie da sein, wenn dann müsste ich etwas ändern. Daraufhin würde ich den Kontakt so gering wie möglich halten und von meiner damaligen Frau fernhalten. Ich denke, das wäre machbar gewesen? Ich hätte mich auf jeden Fall, nicht mehr so fertig machen lassen, ich hätte den Streit sofort unterbunden. Auch in diesem Fall, ist vieles fehlgelaufen, Brigitte und ich selbst mussten dafür büßen, das würde nie mehr vorkommen, wir würden uns auf jedem Fall, einen viel größeren Freiraum schaffen.

Ich würde sofort einiges ändern, so wie ich beschrieben habe, auch in der Arbeit. Ich würde viel früher keine Nachtschicht mehr machen. Ich würde alles dafür machen, damit ich nicht mehr auf die Intensivstation kommen würde und kein Burnout mehr bekommen würde.

Eines ist mir heute klar, wenn die Familie nicht zusammen hält und hilft, wenn einer in Not ist und einem noch mit seinen eigenen Problemen bombardiert, geht man selbst zugrunde und wird krank. Ich war in dieser Zeit nur noch eine Maschine, die nach einem genauen Zeitplan lebte und alles für jeden richtig machen wollte, das würde mir nicht noch einmal passieren, ich würde bestimmt im richtigen Moment den Schutzschalter drücken.

Wenn ich die Leute heute darauf anspreche, wie es damals war und wie schwer es für mich war, bekomme ich die Antwort, so schlimm war es doch nicht. Dann kommen auch die aussagen, ich habe es dir bestimmt nicht so schwer gemacht, übertreibe nicht, da bist du schon alleine schuld, die paar Anrufe, können doch nicht so schlimm gewesen sein, du hättest nur das machen müssen, was ich damals von dir verlangt habe, dann hättest du schnell deine Ruhe von mir gehabt. Dies sagt mir aus, es würde sich nie etwas ändern, dann müsste ich etwas ändern, das würde ich mit Sicherheit, aber nicht so wie sie glauben?

Damit komme ich zum Schluss der Episode von Brigitte. Es war eine schlimme Zeit, die Brigitte und ich durchgemacht haben. Nach diesen vielen Seiten, die ich geschrieben habe, komme ich zu der Analyse, sie war sehr schlimm und würde bestimmt auch so schlimm bleiben, aber ich würde bestimmt einiges ändern, damit diese Zeit etwas ertragbarer werden würde und ich keine Schäden mehr davon tragen würde.

Kapitel 40
Sabine sollte ein Neuanfang werden

Nachdem ich mich von meiner Frau getrennt hatte, wollte ich einen Neuanfang beginnen, ich wollte ein ganz anderes Leben führen, ich wollte endlich zur Ruhe kommen. Ich wollte meine Trennung feiern, dass ich es endlich geschafft habe, ich wollte mir Bier holen und wer saß in dem Café, das direkt in einem Supermarkt ist, natürlich Sabine und rief mich zu sich.

Das war der Neuanfang von einem weiteren Alptraum, wenn ich das gewusst hätte, wäre ich bestimmt zu einem anderen Supermarkt gefahren. Aber wer konnte ahnen, dass Sabine dort bewusst auf mich gewartet hatte. Sie hatte jede

Kleinigkeit von mir gewusst und somit alles raffiniert eingefädelt, so konnte sie mich schnell um den Finger wickeln und alles wusste sie von meiner Frau, das hätte ich mir nie gedacht, dass so etwas Raffiniertes mir passieren würde. Ich hätte nur vorsichtiger sein müssen, da ich sie im Café im Bezirkskrankenhaus kennengelernt hatte. Aber ich hatte sie als Besucherin kennengelernt, wer hätte sich da gedacht, dass es ganz anders war, denn sie war die Patientin. Dass sie da, schon ihr Spiel eingefädelt hatte, konnte ich nicht ahnen. Sie hatte meine Aufmerksamkeit ausgenutzt, diese raffinierte Augenweite mit ihrem kurzen Sommerkleid und langen blonden Haaren.

Die ersten Monate, die ich mit Sabine verbrachte, war ein Traum, ich konnte mit ihr ein ganz normales Leben führen, ich konnte mit ihr schöne Urlaube verbringen, einmal ohne Probleme, es war, wie in einem Traum, der meiner geschundenen Seele guttat und nach dieser Zeit zog sie in meine Wohnung ein. Ich dachte mir: „Endlich habe ich wieder eine ganz normale Frau, aber was ich da sah, war nur eine schöne Fassade, die innen faul war, diese Fassade hatte nach ein paar Monaten Risse, die nach und nach abbröckelte." Die Probleme begannen, es wurde von Monat zu Monat schlimmer, zu einem furchtbaren Alptraum.

Sie begann bald zu trinken, sie trank am Abend mindestens zwei bis drei Flaschen Wein, sie wurde dabei sehr aggressiv. Sie schaute dabei nächtelang Fernsehen und das mit einer unangenehmen Lautstärke oder spielte ein Computerspiel nach dem Anderen, ich hatte dabei sehr große Probleme zu schlafen, das führte oft zu heftigen Streitigkeiten. Ich trank daraufhin immer mehr Bier, aber das machte mein Problem nicht kleiner, sondern noch größer. Das war schon der Anfang vom Ende, aber da war ich zu Feige den

Schlussstrich zu ziehen, immer wieder machte ich mit ihr weiter, sie wickelte mich einfach um den Finger und dann war es für ein paar Tage gut, bis alles wieder von vorne begann, mit dem trinken.

Ich ließ alles zu, bis die Bombe explodierte, ihre Krankheit voll aufblühte, sie war manisch-depressiv und schizophren erkrankt, warum hatte ich das nicht früher erkannt, erst als alles zu spät war und sie mir, nachdem ich von der Nachtschicht nach Hause gekommen war, mich mit einer leeren Weinflasche begrüßte und sie mir auf den Kopf schlagen wollte, danach wie eine Furie die Wohnung verwüstete.

Das war das Ende, dieser Beziehung, in diesem Moment wusste ich, was ich zu tun und was ich alles falsch gemacht hatte. Ich habe auch diesmal ziemlich viel übersehen, es gab viele Warnzeichen, die ich hätte wahrnehmen müssen. Aber ich war blind, von der schönen Person und vom schönen Leben, weil ich nicht glauben konnte, dass sich plötzlich ein Mensch so verändern konnte, ich wollte mit ihr nur ein normales Leben führen, nichts anderes.

Kapitel 41

Die ersten Urlaube und der Einzug in meine Wohnung

Sabine wickelte mich um den Finger, obwohl sie psychisch-krank war, ich hatte keine Ahnung, auf was ich mich einließ. Ich hatte mit Sabine schöne Urlaube, das erste Mal ohne Schwierigkeiten, sie war dazu noch sehr sportlich drauf, wir gingen wandern, dass was ich mit Brigitte nie mehr unternehmen konnte, vielleicht war das der ausschlaggebende Punkt, warum mir nichts aufgefallen war. Ich konnte endlich mal wieder, das tun, was mir Spaß machte.

Darum dachte ich mir damals nichts, als Sabine bei mir bald einzog. Aber das war der erste Fehler, das hätte mir auffallen müssen, dass eine normale Frau, nicht so schnell ihre Wohnung aufgab und das nach ein paar Monaten schon. Sie wäre vielleicht die meiste Zeit bei mir gewesen, aber ihre Wohnung hätte sie behalten. Ich war total blind, nichts ist mir aufgefallen, es ging alles so schnell, das alles für mich ein Traum war. Ich hatte so eine Freude, weil ich eine normale Frau zu Hause hatte. Sie hatte alles schon vorher genau geplant, denn, so konnte sie ein schönes Leben führen. Sie war nicht geizig, sie zahlte immer alles mit. Weil sie keine Miete mehr bezahlen musste, konnte sie viel mehr mit mir unternehmen. Sie war zwar psychisch-krank, aber doch schlau.

Dann verkaufte sie ihr Auto, wieder hatte sie mehr Geld, mit dem sie etwas unternehmen konnte. Aber welche Frau gibt so schnell ihr Auto weg, nur um ein schöneres Leben zu haben? Dabei habe ich mir wieder nichts gedacht, da hätte ich mir schon ein paar Gedanken machen müssen. Denn eine normale Frau hätte wenigstens das Geld auf die Seite gelegt. Aber eine Sabine machte das nicht, denn sie wollte nur schön Leben und sie wusste warum, denn sie wusste von Anfang an, das sie irgendwann wieder im Bezirkskrankenhaus sein würde und dann wäre alles mit mir aus.

Sie gab in ein paar Monaten ihr gesamtes, eigenständiges Leben auf. Ihre Wohnung, ihr Auto, aber so war sie. Später in einem anderen Artikel, hätte mir, das auffallen müssen, das hatte sie schon einmal gemacht, schnell ihr gesamtes Leben aufgegeben und nicht nur ihr eigenes Leben. Sie hatte ständig neue Ideen, sie wollte jede Woche etwas neues Unternehmen, sie war in dieser Hinsicht unermüdlich, jetzt weiß ich es, sie war manisch, sie war in dieser Zeit ganz oben in ihrem Leben.

Kapitel 42

Rente und ein Nebenjob

Ich hatte noch, bevor sie bei mir einzog gewusst, dass sie berentet war. Sie hatte fast genauso viel Rente, als meine Frau, nicht viel, aber auch nicht wenig. Sie konnte schon etwas damit anfangen und das tat sie. Sparen war auf jedem Fall nicht ihre Devise, aber ich konnte sie zwischen durch ein wenig bremsen.

Aber was mich betraf, ich hätte mir gleich denken müssen, warum hatte Sabine eine Rente, das kann doch nicht normal sein? Aber ich dachte mir: „Das kann nicht so schlimm sein, so fit wie Sabine ist." Sie sagte einmal zu mir, sie hatte damals Depressionen, als ihr Mann die Scheidung einreichte und dazu kommt noch, dass er ausgerechnet mit ihren Kindern bei ihrer besten Freundin einzog, das konnte sie nicht ertragen. Das hätte ich nicht glauben dürfen, denn deswegen hatte sie bestimmt keine Rente bekommen? Das war nur die halbe Wahrheit, wahrscheinlich konnte ihr Mann die schizophrenen und manisch-depressiven Schübe nicht ertragen, daraufhin ließ er sich bestimmt scheiden. Ich wusste von Anfang an nicht, dass sie diese schreckliche, psychische Krankheit hatte, erst später rückte sie mit ihrer ganzen Wahrheit heraus und ich sah bei ihr nicht eine einzige Tablette. Sie hatte alles geschickt verheimlicht.

Genauso wollte sie immer wieder etwas dazu verdienen, sie schaffte es, dass sie einen 400 Euro Job bekam, bei einem bekannten Möbelhaus, sie musste jeden Samstagabend putzen und saubermachen. Aber so wie Sabine war, ging das nicht lange gut und sie schmiss ihre Arbeit hin, sie meinte, die Arbeit sei zu anstrengend, für diese Arbeit wird zu wenig bezahlt, sie suche sich etwas anderes. Es dauerte nicht lange und wieder hatte sie eine Arbeit gefunden, in einem Hotel, dort musste sie die Zimmer sauber machen, genauso wie beim Möbelhaus, die Arbeit war zu schwer und sie schmiss die Arbeit hin. So ging es ein paar Mal, bis sie gar nichts mehr tun wollte. Die Arbeit in einem Möbelhaus hatte sie am längsten.

Als sie jede Arbeit hinschmiss, hätte ich mir Gedanken machen müssen. Jetzt weiß ich, sie wollte alles machen, aber sie hatte nie ein Durchhaltevermögen, nichts konnte sie auf längere Zeit durchhalten. Ein anderes Beispiel: „Ich war schon lange in einem Fitnesscenter, sie wollte natürlich auch trainieren, fit genug war sie, sie machte einen Vertrag und ging ein paar Monate mit mir dorthin, aber dann war es ihr zu anstrengend und langweilig, daraufhin kündigte sie ihren

Vertrag, sie musste, aber dann das Jahr noch zu Ende zahlen."

Dass sie immer wieder ihre Arbeit hinschmiss und eine Rente bekam, deswegen hätten bei mir sämtliche Alarmglocken läuten müssen. Dass ich mir dabei keine großen Gedanken machte, war keine Entschuldigung. Das hätte mir unbedingt auffallen müssen. Es war nicht der einzige Hinweis, der mir damals hätte zu denken geben müssen. Ich muss zugeben, ich wollte sie nicht gleich wieder hinausschmeißen, denn sie hatte keine Wohnung mehr. Sie hatte im Prinzip nichts mehr. Vielleicht habe ich deswegen darüber hinweggeschaut und ich hatte mit meiner Scheidung und den beiden Streithähnen zu kämpfen.

Wenn ich die Zeit zurückdrehen könnte, würde Sabine so schnell nicht mehr in meine Wohnung einziehen, ich würde genau wissen wollen, warum sie berentet war und warum sie so einfach ihre Arbeit hinschmiss, vor allem so oft und dann keine Arbeit mehr annehmen wollte. Gut wir waren nicht verheiratet, sie konnte eigentlich machen, was sie wollte, aber ich hatte sie zu schnell einziehen lassen, bei ihr zu Hause hätte sie machen können was sie wollte. Von mir aus, die ganze Wohnung verwüsten und die Möbel mit einer Axt zerschlagen. Das würde mir in ihrer Wohnung nichts ausmachen.

Kapitel 43
Flucht in den Westen

Was ist das für eine Geschichte, die mir Sabine damals erzählte: „Sie konnte es nicht mehr ertragen, in demselben Ort zu leben, indem ihr Ex-Mann wohnte, weil er mit ihrer besten Freundin zusammen gezogen war. Da wollte sie nur noch weit weg, sie konnte das nicht ertragen."

Momentan glaubte ich ihre Geschichte, jetzt kann ich sie nicht mehr nachvollziehen, da stimmt etwas nicht? Da sind ein paar Ungereimtheiten. Erstens, warum überlässt sie so einfach ihre Kinder ihrem Ex-Mann? Warum zieht sie so weit weg von ihren Kindern? Eine Mutter will doch ihre Kinder immer wieder sehen und besuchen, die Kinder wollen doch ihre Mutter haben oder war da etwas, was sie mir nie erzählte?

Wollte sie vor ihrer Krankheit flüchten, hatte sich ihr Mann wegen ihrer Krankheit scheiden lassen, hatte er ihre schizophrenen und manisch-depressiven Schübe nicht mehr ertragen, was war da damals vorgefallen? Wurden ihr bei der Scheidung vielleicht die Kinder weggenommen, hatte sie kein Erziehungsrecht mehr, durfte sie mit ihrer Krankheit, sich ihren Kindern nicht nähern, bis sie volljährig waren und selbst entscheiden konnten? Das wären zwar massive Anschuldigungen, aber auch interessante Spekulationen, die vielleicht eine kleine oder große Wahrheit beinhalten konnten?

Was noch interessant war, sie war nicht gleich in unseren Ort gekommen, sie hatte vorher ein paar Wohnungen im Allgäu gemietet. Sie hielt es nirgendwo lange aus, immer wieder wechselte sie anscheinend ihre Unterkunft und ihren Ort, wer weiß, wo sie heute lebt, vielleicht ist sie zurück in ihre Heimat? Das wäre denkbar, aber wer weiß für wie lange? Sie zeigte mir, als wir damals mehrere Ausflüge gemacht hatten, die Häuser in der sie einmal wohnte, darum weiß ich, dass sie öfters umgezogen war. Am besten wäre für mich gewesen, wenn sie im Allgäuer Raum geblieben wäre, dann hätte ich sie nie kennen gelernt.

Ich denke, wegen ihrer Krankheit musste sie und wollte sie fliehen, sie wollte ihr Gesicht bewahren, sie wollte nicht in ihrer Heimat die psychisch Kranke sein, hier kannte sie niemand, dann konnte sie sich ein neues Leben aufbauen. Immer wenn sie ihre Schübe hatte und vielleicht in ein Bezirkskrankenhaus musste und wieder entlassen wurde, wechselte sie die Wohnung und dazu den Ort. Sie wollte daraufhin die Flucht ergreifen, sie wollte dann wieder von neuem anfangen, das machte sie immer wieder, wer weiß wie oft, sie das gemacht hatte und wie oft sie das noch machen würde?

Jetzt wo ich einiges von ihr weiß und die Zeit zurückdrehen könnte, würde ich ihr die Geschichte nicht mehr abnehmen, ich könnte sie nicht mehr als Freundin haben, denn wer seine Familie einfach so im Stich lässt und alles einfach so hinter sich lässt, da stimmt etwas nicht und so war es auch, ich hatte wieder große Warnzeichen übersehen, ich dachte mir in diesem Fall, ich bin nur ihr Freund, was sie vor mir gemacht hat, könnte mir egal sein, aber leider war es so nicht, ich bekam dann meine Rechnung und die war nicht klein.

Kapitel 44

Der Kindergarten

Sie hatte mir öfters einiges aus ihrer Heimat erzählt, ich habe davon vieles im Band zwei erwähnt. So erzählte sie, dass sie Erzieherin gelernt habe und in ihrer Stadt lange Zeit in einem Kindergarten gearbeitet hat, dass dieser Beruf oft nicht ganz einfach für sie gewesen war, sie hatte oft Schwierigkeiten mit den Kindern, ein Junge soll angeblich so frech gewesen sein, dass ihr die Hand ausgerutscht war und deswegen wurde sie entlassen. Als was sie danach gearbeitet hat, das erzählte sie mir nie, warum nicht, das wollte sie einfach nicht, wahrscheinlich hatte sie ein paar kleinere Jobs. Durfte sie aus diesem Grund, in keinem Kindergarten mehr arbeiten?

Ich habe mir oft gedacht, als sie in meiner Umgebung einen Nebenjob suchte, warum versuchte sie nicht für ein paar Stunden in einem Kindergarten zu arbeiten. Aber anscheinend durfte sie das nie mehr tun, sie erwähnte später, ihre damalige Arbeit mit keinem Wort mehr. Vielleicht hatte sie Gründe dafür?

Auch in diesem Fall hätte ich genauer zuhören müssen und mir meine eigenen Gedanken machen sollen, daraufhin hätte mir auffallen müssen, dass sie schon damals krank war und vielleicht war das Kind gar nicht so frech, dass sie durch ihre Krankheit überreagierte? Alles passt irgendwie zusammen und mir kam nie der Gedanke, dass ich eine bipolar, gestörte Freundin, bei mir hatte. Das kann ich jetzt nicht verstehen, dass ausgerechnet mir nichts aufgefallen war.

Na, gut mit dieser Geschichte will ich mit mir nicht so streng sein. Sabine hatte mir damals die Geschichte erzählt, wir hatten uns noch nicht so lange gekannt, man glaubt ihr und denkt sich belanglos, na ja, auch im Osten sind die Bengel frech, warum nicht. Aber mir hätte auffallen müssen, warum wurde sie daraufhin entlassen, dann könnte es doch sein, dass ihr vielleicht nicht nur einmal die Hand ausgerutscht war, das vielleicht sogar etwas Schlimmeres vorgefallen war, das hätte ich mir denken müssen? Jetzt weiß ich, mit ihrer Krankheit könnte sie in keinem Kindergarten mehr arbeiten. Daraufhin hätte ich die anderen Punkte anders beurteilen und besser verstehen müssen?

Kapitel 45

Mit Alkohol fing alles an

Sabine machte alles mit, sie trank mit mir am Abend Bier, ging am Wochenende mit mir aus, nur ein paar Monate später, als sie gerne etwas länger am Fernseher sitzen blieb, wurden es ein paar Bier mehr. Ihr Alkoholkonsum stieg erheblich an. Auch im Urlaub hielt sie sich keineswegs zurück, warum auch?

Am Anfang dachte ich mir nichts dabei, das wird sich schon wieder geben, denn sie war unternehmungslustig und topfit. Aber es war nicht so. Erst dann machte ich mir Gedanken, als das Bier nicht mehr zu Hause reichte und ich noch zur Tankstelle gehen musste, um noch Nachschub zu besorgen. Daraufhin dachte ich mir, wo sollte das noch hinführen, aber ich hatte nicht reagiert und dachte es würde reichen, wenn ich mit Sabine ein ernstes Wort reden würde. Aber es ging nur für ein paar Tage gut, dann ging die alte Leier wieder von vorne los. Warum hatte sie sich nicht im Griff, sie habe doch angeblich vorher auch nichts getrunken, warum hatte sie nichts gesagt, dass sie damit schon vor mir Probleme hatte, dann hätte ich nie ein Bier nach Hause geholt? Aber es fing ja schon an, als ich mein Bier zur Trennungsfeier mitgenommen habe. Vielleicht war das der auslösende Punkt für sie?

Irgendwann war es dann so weit, dass ihr kein Sixpack mehr reichte und das wusste sie, dann stieg sie auf Wein um. Wenn ich in der Nachtschicht war, trank sie bestimmt zwei bis drei Flaschen Wein, oft war sie dann im Bett, wenn ich in der Frühe nach Hause kam. Das ganze Schlafzimmer stank nach Wein und sie stand oft noch viel später auf, als ich und war dazu total verkatert.

Wenn ich Tagschicht machte, dann blieb sie sitzen und schaute bis in der frühe in den Fernseher, mir wäre das zu blöde gewesen, ich will dann wieder in der Frühe aufstehen und etwas vom Tag haben. Aber sie schaute nicht nur in die Flimmerkiste, sondern spielte noch einige Computerspiele, das meist gespielte war Moorhuhn. Das ununterbrochene Schießen von dem Spiel hörte ich bis in das Schlafzimmer und natürlich hatte sie immer eine Flasche Wein daneben stehen. Nach einer Flasche Wein könnte ich das Spiel nicht mehr spielen. Sie war Spiel und Alkohol süchtig geworden, sie konnte es nicht mehr lassen, es war furchtbar mit anzusehen.

Als diese Zeit erreicht war, hatten Sabine und ich nur noch Streit, ich konnte mit ihr kaum noch ein normales Wort reden. Hatte ich es einmal erreicht, dass ich mit ihr reden und sie dann überzeugen konnte, ihr Computerspiel, Klotze schauen und den Weinkonsum einzuschränken, ging es wieder eine ganze Zeit gut, bis es wieder von vorne losging. Die Frage war, wie lange würde es gut gehen?

Spätestens da, hätte ich mir Gedanken machen müssen, wie das weiter gehen sollte. Ich hätte da schon ihr eine Wohnung suchen sollen. Aber nichts hatte ich damals unternommen, immer wieder hatte ich es versucht und gedacht, das wird schon besser werden. Sie zeigte immer wieder einen guten Willen, aber mehr nicht.

Aber der gute Wille hatte nicht gereicht, denn es kam der Tag, je mehr Alkohol sie trank, umso aggressiver wurde sie. Dann beschimpfte sie mich nur noch, sie hielt es in der Wohnung nicht mehr aus, sie wollte woanders hin. War das wieder die Flucht vor ihrer Krankheit, wusste sie, dass sie wieder schizophrene und manisch-depressive Schübe bekommen würde und dazu war sie noch Alkoholkrank und Spielsüchtig. Sie spürte sehr wahrscheinlich genau, was auf sie zukommen würde, sie wollte noch retten, was sie noch konnte. Ich war mal wieder zu gutmütig, ich hätte schon viel früher etwas unternehmen müssen, ich hatte es einfach nicht übers Herz gebracht, sie einfach aus meiner Wohnung zu schmeißen, ich konnte sie auch nicht hinausschmeißen, denn sie hatte keine eigene Unterkunft, sie hatte nichts, wo sie hinkönnte.

Ich hätte viel mehr Druck ausüben müssen und wenn sie sich nicht besserte, eine Wohnung für sie suchen sollen und sie dort einquartieren, das wäre die richtige Lösung für mich gewesen, aber ich hatte damals nichts getan. Warum nicht? Es hätte mir sehr viel Ärger erspart, sehr wahrscheinlich wäre mein Alkoholkonsum nicht gestiegen und vielleicht hätte ich daraufhin kein Burnout bekommen? Vielleicht hätte ich schneller ein ruhigeres Leben führen können, alles, die

Lebensgeschichte hätte sich geändert, aber man kann die Uhr nicht zurückdrehen, das wäre oft schön, wenn man das könnte, aber das Leben hat seine eigenen Gesetze und die muss man akzeptieren, ob man will, oder nicht? Ich hatte auch in diesem Fall viel falsch gemacht, aber ich würde vieles im Leben ändern, wenn ich das noch könnte, wäre vieles anders verlaufen?

Kapitel 46
Immer wieder Versöhnungen

Wie ich im vorhergehenden Kapitel beschrieben habe, trank Sabine sehr viel Alkohol und machte die Nacht zum Tag, wir stritten deswegen in der Zeit sehr viel. Ich stellte sie oft zur Rede und sprach mich mit ihr immer wieder aus. Mein Plan war, dass sie auszieht, dass konnte sie offensichtlich nicht und wollte die Beziehung um jeden Preis aufrechterhalten, sie wusste, wie sie es anstellen musste, dass wir uns immer wieder versöhnten.

Ich muss zugeben, diese Versöhnungsnächte waren immer sehr schön und hatten ihren Reiz, so aber verzögerte ich nur unsere unmögliche Beziehung und tat somit nicht, dass was ich eigentlich tun sollte und wollte unsere Beziehung endlich beenden.

Ich ließ mich immer aufs Neue um den Finger wickeln, sie hatte etwas, das mich immer wieder umstimmte, sie verstand es, obwohl es sehr ernst um unsere Freundschaft stand, immer neue Ideen zu entwickeln, dass es irgendwie weiterging. Sie war, obwohl sie krank war, sehr raffiniert, sie wusste genau, wie sie mich behandeln musste, sie wusste, was sie tun musste, sie verstand ihre gesamten Reize einzusetzen, das mit allen Mitteln und wusste genau, wann sie das tun musste, das hinderte mich daran, den letzten Schritt durchzusetzen, ich war somit nicht mehr fähig dazu, ich war wieder einmal zu gutmütig und mit mir konnte sie ja alles machen. Später ärgerte ich mich, dass ich es nicht geschafft habe. Sie schaffte es, mich genau an diese Orte zu bringen, dort wo ich mich wohlfühlte und um uns dort auszusprechen, wie zum Beispiel, auf unserem Campingplatz, das war der geeignete Ort, um mich im Wohnwagen umzustimmen. Oder mit den Hunden irgendwo hinzufahren, eine Wanderung in den Bergen, sie wusste immer, was zu tun war.

Mit jeder Versöhnung, kamen erst ein paar ruhige Tage und danach kam der Alptraum zurück, Sabine trank kurze Zeit später noch einiges mehr und wurde viel aggressiver. Es wurde nicht besser, im Gegenteil, mein Vorhaben kam schnell zurück und ich schaffte es nicht das umzusetzen, was eigentlich eine logische Folge gewesen wäre. Ihre Aggressionen steigerten sich so weit, bis sie handgreiflich wurde, das schockte mich zwar, aber ich machte trotzdem nicht den letzten Schritt, ich war wieder mal zu Blöd dafür.

Ich hätte längst mein Vorhaben durchziehen müssen, aber nein, ich tat es nicht, sah ich damals immer noch nicht, was auf mich zukam, das sollte ich doch wissen, ich hatte mit Brigitte, dieses Theater genauso durchgemacht und bei mir blinkten immer noch nicht alle Warnsignale, warum nicht? Damals hätte ich viel härter durchgreifen und mich viel früher von ihr trennen sollen, das wäre für mich das Beste gewesen und sie könnte alleine, das tun, was sie am besten kann, trinken und spielen und ich hätte mich zeitiger auf ein ruhigeres Leben konzentrieren können. Ich habe auch in diesem Fall alles falsch gemacht, was man tun konnte. Heute würde auf keinen Fall mehr eine Versöhnung geben.

Kapitel 47
Der Sohn

Harry war eigentlich ein guter Junge, gut, er hatte einige Fehler gemacht, wer hat das nicht und darum sollte man die genauen Umstände kennen, die dazu geführt haben. Die Mutter ist sehr früh in den Westen gegangen, ohne ihre Kinder mitzunehmen, sie hatte ihre Kinder einfach im Stich gelassen. Ihr Vater hatte eine andere Frau, auch mit zwei Kindern, sie mussten in diese fremde Familie ziehen, sie waren dort nicht mehr die Hauptpersonen, sie spielten dort sehr wahrscheinlich nur noch die zweite Geige. Sie fühlten sich mit Sicherheit in dieser Familie nicht mehr wohl, sondern vernachlässigt.

Später war Harry ganz auf sich alleine gestellt, er hatte keine Familie mehr, die sich um ihn kümmerte, darum kam er anscheinend in schlechte Gesellschaft, rauchte sehr viel Marihuana und daraufhin bekam er es mit Psychose tun. Niemand half ihm, nicht einmal sein Vater.

Ich denke, das Sabine sehr große Schuld an Harrys Problemen hatte, denn sie war nicht da, wenn er sie gebraucht hätte, er wurde um seine Kindheit und Jugendzeit beraubt, die er dringend gebraucht hätte, im Gegenteil, sie hatte in ihm ein Problem ausgelöst und er dachte sich bestimmt: „Warum ist meine Mutter von mir gegangen und hat mich alleine gelassen, wo ist sie, warum hat sie das getan, ich brauche sie doch, war ich vielleicht daran schuld?"

Sabine und ich haben zweimal Harry besucht und in seiner Wohnung übernachtet, das erste Mal hatte er noch Drogenprobleme, das zweite Mal war er, Gott sei Dank auf Entzug, er musste jeden Tag ambulant in eine Klinik. Ich musste Harry jeden Tag, alleine in die Klinik fahren, Sabine kümmerte, das überhaupt nicht. In meinen Augen wäre das die Aufgabe von seiner Mutter gewesen. Aber sie war neugierig, sie wollte immer wissen, was mir Harry erzählte, aber ich berichtete keine Silbe von dem, was ich von ihm erfuhr, ich sagte immer, wir haben uns nur über Rockmusik unterhalten. Was mir Harry unter diesen Fahrten von seiner Mutter berichtete, das schockierte mich sehr. Sabine war keine richtige Mutter, so wie sie auch für keine längere Beziehung geeignet war.

Harry beschimpfte in diesen zwei Urlauben, seine Mutter ein paar Mal schwer und das mit Recht. Ich konnte ihren Sohn gut verstehen, dass er sich Luft machte, was sich über Jahre angestaut hatte. Aber auf was ich in diesem Kapitel hinaus wollte, ich glaubte, mich ginge das überhaupt nichts an, aber mich ging das eigentlich was an, denn Harry warf ihr genau, dass an den Kopf, auf was ich aufpassen sollte und er erzählte genau, dass, was ich mir merken sollte und was machte ich Trottel, ich machte mit Sabine immer weiter, alle Warnsignale schob ich beiseite und dachte mir, was mit ihren Kindern war, kann mir nicht passieren. Aber das war eine große Täuschung, dass was ich noch bitter zu spüren bekam.

Mit Harry spielte ich noch über die E-Mail-Adresse eine ganze Zeit Schach und da warnte er mich noch einmal vor seiner eigenen Mutter und da nahm ich die Warnungen ernst, dann war es fast zu spät und es kam so, wie er es angekündigt hatte und wie ich es in Band zwei beschrieb.

Meine Analyse in diesem Fall mit Sabine und ihrem Sohn Harry: „Sabine war für Harry nie eine richtige Mutter und ist in einer wichtigen Zeit geflohen, Harry hätte seine Mutter immer gebraucht." Das hatte ich aus den Auseinandersetzungen mit seiner Mutter immer herausgehört. Aber Sabine hatte immer billige Ausreden oder spielte alles herunter, sie beschuldigte immer ihren Ex-Mann: „Nur, er war der schlimme Schuldige, er war an allem schuld, er war mit ihrer besten Freundin fremdgegangen." Aber Harry erkannte, dass sein Vater nicht der alleinige Schuldige war und das er Fehler gemacht hat, nur weil seine Mutter in den Westen geflohen war, niemand war da, der ihm zuhörte, außer seine gewissen Freunde, die ihn in den Drogensumpf zogen. Aber Sabine interessierte das nicht.

Diese Erlebnisse in Harrys Wohnung und die E-Mails, merkte ich mir schon, aber ich nutzte sie nicht sofort, ich glaubte in diesem Moment, dass es mit ihr etwas werden könnte. Ich stellte alle Warnsignal erst bei Seite, ich hätte Sabine viel öfter zur Rede stellen sollen, ich hätte spüren müssen, dass mit ihr etwas nicht stimmte. Ich hätte aus dieser Geschichte heraushören müssen, dass Sabine nicht geflohen war, wegen ihrem Mann und ihrer besten Freundin. Ihre Krankheit kannte ich leider zu diesem Zeitpunkt noch nicht. Was hatte ich für große Fehler gemacht, war ich blind, war ich taub, ich kann es nicht glauben, dass ich nichts unternommen hatte. Ich würde auf jeden Fall heute anders reagieren, Sabine nie alles glauben was sie erzählte, sie hatte in dieser Zeit schon zwei Gesichter.

Kapitel 48

Die Tochter

Sabine wollte ebenso ihre Tochter sehen, sie war total anders, viel selbstständiger, als ihr Sohn, sie kam mir distanzierter vor, sie machte ihr Studium, sie hatte einen Nebenjob, sie sagte: „Dass sie wenig Zeit hätte." Gut wir verbrachten mit ihr ein paar Stunden, aber irgendwie, ließ sie spüren, dass ihre Mutter nie da war, wenn sie gebraucht wurde. Mir kam es so vor, als hätte sie nur mal kurz ihre Mutter sehen wollen, wenn sie schon mal hier ist, mehr nicht. Ich hörte aus den Gesprächen heraus, dass sie sich mehr um ihren Bruder kümmerte, als ihre Eltern. Ich hörte Sabine nur schimpfen: „Euer Vater könnte sich auch mal um euch kümmern, nicht nur um die verzogenen Kinder meiner ehemaligen Freundin, die bekommen alles, was sie wollen."

Aber Sabine tat rein gar nichts für ihre Kinder. Sie war weit weggezogen und so meinte sie vielleicht, weg von der Verantwortung. Sabine war stolz auf ihre Tochter, weil sie ihre Schule meisterte und in ihrem Bergsport erfolgreich ist. Sie war vollkommen selbstständig und brauchte niemand, das ließ sie ihrer Mutter deutlich spüren und über ihren Vater redete sie auch nicht gerade überzeugend. Was war das für eine Familie?

Sabine wollte die Wohnung von ihrer Tochter sehen, denn sie lebte in einer Wohngemeinschaft, die sie mit einigen Freundinnen und Freunden teilte. Als ich ihr Bett und ihre Matratze sah, konnte ich es nicht glauben, denn sie war total verschlissen, darauf konnte man gewiss nicht erholsam schlafen. Wenn das mein Kind wäre, würde ich sie keine weitere Nacht, auf so einem kaputten Ding liegen lassen und würde sofort für eine Neue sorgen. Ich sprach sofort Sabine an: „Das sie so etwas nicht zulassen könne." Sie wollte nicht, war stur und meinte: „Ihr Vater könne auch mal den Geldbeutel aufmachen." Ich bedrängte sie weiter und sie meinte, sie werde sich darum kümmern und mich gehe das überhaupt nichts an. Ihre Tochter flüsterte mir heimlich zu: „Lasse es besser, das bringt absolut nichts." Ich denke, das heißt, sie würde nie eine neue Matratze von ihren Eltern bekommen, das wäre sehr traurig. Ich hatte später erfahren, dass sie noch immer auf der Alten schlafe.

Hoffentlich bekommt sie einmal ihre Rechnung von ihren Kindern, wenn sie einmal ihre Hilfe bräuchte, vielleicht zeigen sie ihr, wie viel Liebe, sie von ihrer Mutter bekommen haben und die nötige Hilfe. Vielleicht sagen sie dann auch einmal, wir sind weit weg von dir, du musst dir selbst helfen, suche dir einen Freund, dann hast du vielleicht die nötige Hilfe, die du so nötig brauchst.

Ich habe mir schon Gedanken gemacht, wie herzlos sich ihre Mutter verhalten hat. Bei Harry dachte ich mir, das geht mich eigentlich nichts an. Es war schon ein Kapitel, das mich etwas hellhöriger machte, weil sie sich nicht, wie eine richtige Mutter verhalten hat. Aber ich hatte es wieder nicht genutzt. Ich würde mich heute sofort fragen, wenn eine Mutter mit ihren Kindern so umgeht, dann kann sie keine gute Frau sein und das hatte sich später bestätigt.

Kapitel 49

Ihr Cousin

Wir hatten einen Urlaub mit dem Wohnwagen nach Hamburg geplant, auf dem Weg dorthin machten wir einen Stopp in Hannover bei ihrem Cousin. Der Aufenthalt für Sabine, war nicht so toll, wie sie sich das gewünscht hatte. Denn sie wurde von ihrem Cousin und seiner Frau, wegen ihren Kindern immer wieder unangenehm ausgefragt. Daraufhin wurde Sabine zu mir sehr aggressiv. Der erste Abend ging noch einigermaßen, da wir dann weiterfuhren zum Heidepark und nach Hamburg und dort viel Spaß hatten.

Aber Sabine hatte mit ihrem Cousin ausgemacht, dass wir auf dem Rückweg noch einmal bei ihnen vorbeischauen und bei einem Grillabend eingeladen waren, ich fand das super. Erstens brauchte ich nicht so weit fahren und konnte mich bei einem Zwischenstopp ausruhen und mit ihrem Cousin verstand ich mich super gut. Ich verstand nur Sabine nicht, wenn sie von ihren Verwandten unangenehm ausgequetscht wurde und das Thema blieb, „ihre Kinder," dann fahre ich nicht noch einmal dorthin, mir gefiel es so.

Als wir noch einmal dort waren und bei der Grillparty saßen, wurden die Fragen von dieser Frau zu Sabine immer massiver, Sabine konnte sich kaum retten, ich merkte Sabine an, dass sie am liebsten flüchten würde. Ich konnte die Familie verstehen, dass sie Sabine wegen ihrer Kinder angingen, die Frau von ihrem Cousin musste stundenlang in Sabine eingeredet haben, Sabine wusste oft nicht mehr, was sie ihr antworten sollte. Ich unterhielt mich unterdessen sehr lange mit ihrem Cousin über alles Mögliche, aber auch über meine Freundin, er glaubte nicht, dass ich noch sehr lange mit Sabine zusammen sein würde. Das hatte ich leider schon von Harry gehört. Ich hörte aus seinen Sätzen heraus, dass er mehr wüsste, als er mir sagte, aber er sagte eigentlich das aus, was ich hören wollte und das war mehr als genug.

Später unterhielt ich mich mit seiner Frau und sie warnte mich ebenso vor Sabine: „Dass, ich sie nie als eine richtige Lebenspartnerin haben würde. Sie war noch nie mit einem Partner länger, als zwei Jahre zusammen." Toll, dachte ich mir. Aber, das konnte ich mir in diesem Moment selbst nicht mehr vorstellen, es war nur noch eine Frage der Zeit, wann es aus sein würde.

Schade, es waren ein paar schöne Abende, die ich bei ihnen verbrachte, es war ein sehr angenehmer Kontakt, ich hätte sie mir als Verwandte vorstellen können, nur Sabine nicht, als meine Frau. Ich hätte mir großen Ärger angeheiratet, den ich unter Umständen nicht mehr losgebracht hätte, dass musste ich nicht noch einmal haben. Sabine wollte mich aber nicht verlieren, sie kämpfte dafür, dass ich bei ihr bleiben würde, das spürte ich.

In der Nacht, bevor wir wieder nach Hause fuhren, stritt sie mit mir wieder sehr heftig. Sie wollte alles wissen, was ich mit ihrem Cousin und seiner Frau geredet hatte, sie wurde immer aggressiver. Aber wir versöhnten uns, aber ich wusste, dass es nicht mehr viele Versöhnungen geben würde.

Bei der Verabschiedung drückten mich alle zwei sehr herzlich und wir wussten, dass wir uns leider nicht mehr sehen würden, Sabine wurde nicht so herzlich verabschiedet. Ich denke, sie weiß, dass sie sich mit einem anderen Mann hier nie mehr sehen lassen brauchte. Aber diese Familie werde ich nie vergessen und in guter Erinnerung haben.

Diese Warnungen von ihrem Cousin nahm ich sehr ernst und er brachte mich dazu, dass ich mir oft den Kopf zerbrach und dann wusste, dass wir nicht mehr lange zusammenbleiben würden. Ich schaffte es aber wieder nicht, dass ich den Entschluss umsetzte, ich gab immer wieder nach einigen Versöhnungen nach und es ging weiter, aber immer aggressiver. Wir stritten häufiger und heftiger, es gab kaum mehr richtig schöne Stunden, die Beziehung wurde nur noch künstlich aufrechterhalten.

Heute würde ich das nicht mehr so lange mitmachen, ich würde ihre Sticheleien und Vorwürfen nicht mehr anhören, die nervigen Diskussionen würde ich auf keinen Fall mehr lange führen und kurz und bündig, ein aus machen und ihr vorschlagen, das es besser wäre, schnell eine Wohnung zu suchen und zu verschwinden. Das was Sabine mir vorwarf, waren ihre eigenen Fehler, die sie mit ihren Kindern machte und in ihrer Vergangenheit verbrochen hatte, damit konnte ich nichts zu tun haben und da mische ich mich nicht ein. Es lag an ihrem Alkohol Genuss, der sie so aggressiv machte. Sie wollte mich sogar heiraten, aber ohne mich, sie kam immer auf seltsamere Ideen. Diese Ehe hätte nicht lange gehalten. Sabine wollte mehr, als sie selbst einhalten konnte. Sabine war nicht mehr fähig eine Ehe einzugehen, sie konnte keine Verantwortung mehr für einen Partner übernehmen, denn sie konnte für sich selbst keine mehr tragen.

Es war schon seltsam, dass ihre Kinder und ihr Cousin, nichts Gutes von ihr sagten. Genau deshalb hätte ich diese Beziehung, noch viel schneller beenden müssen, ich würde heute nicht mehr so lange warten, als ich es damals getan habe. Ich denke, Sabine hatte sich überhaupt nicht im Griff, sie konnte sich einem Partner in keiner Weise anpassen und wirklich lieben, sie war einfach zu keiner Partnerschaft fähig, wenn ihre Krankheit ausbrach. Heute würde ich nicht mehr so lange zuschauen und warten. Ich würde nicht mehr zulassen, dass sie ihre Wohnung aufgab und ihr Auto verkauft, damit ich sie zu jeder Zeit in ihre Wohnung bringen könnte. Damit sie ihre Schübe alleine ausleben könnte und wenn alles wieder gut wäre, dann könnte ich mir überlegen, wie es weitergehen sollte oder für immer aus wäre. So wäre es richtig gewesen.

Kapitel 50
Tabletten

Das Kapitel mit ihren Tabletten hatte sie sich sehr raffiniert ausgedacht, ich sah die ersten Monate unserer Beziehung keine einzige Tablette, die sie regelmäßig einnahm. Keine Tablettenliste war zu sehen, die ihr vorschrieben, wie sie diese einnehmen musste, vor allem, was für welche Tabletten und was für eine Krankheit sie wirklich hatte. Ich wusste von ihr eigentlich nichts.

Ich bin überzeugt, als ihre Krankheit richtig ausbrach, dass sie ihre Tabletten nicht mehr regelmäßig einnahm, bestimmt nicht mehr zu diesen Zeiten, die sie unbedingt einhalten müsste, ob sie überhaupt alle Tabletten einnahm, dafür würde ich auch nicht die Hand ins Feuer legen. Dazu kam, ob die Tabletten bei den riesigen Alkoholmengen überhaupt noch halfen, dass, war eine andere Frage, was ich nicht glaube?

Ich behaupte, dass sie mit ihren Tabletten ein raffiniertes Versteckspiel machte und sich dabei selbst geschadet hatte, dass was sie später nicht mehr gut machen konnte und schwer dafür büßen musste. Ich denke, wenn sie mir früher die

Wahrheit darüber geäußert und alle Einzelheiten ausgesprochen hätte, wäre alles ganz anders verlaufen. Aber Sabine glaubte immer: „Sie habe alles im Griff."

Ich bekam nie mit, dass sie sich einmal in einer Ambulanz melden musste oder bei einem Psychiater war, ich sah nie ein Rezept von ihr, sie kaufte nie Tabletten in einer Apotheke, nichts kam in dieser Richtung vor. Sie hätte doch einmal Tabletten verschreiben lassen müssen oder hatte sie eine geraume Zeit, überhaupt keine mehr genommen, dann würde ich behaupten, dass sie sich am meisten geschadet hatte und unsere Beziehung von Anfang an zu Scheitern verurteilt war.

Ich denke, wenn sie fast ein Jahr lang, ohne einen Schub zu bekommen, leben konnte, dann hätte es so weiter gehen können. Warum outete sie sich dann nicht? Es wäre nicht so schlimm gewesen, als unvorbereitet, eine manisch-depressive und schizophrene Partnerin zu haben. Mit dieser bipolaren Störung hätte man mit Sicherheit leben können, wenn sie sich an ihre ambulanten Vorgaben gehalten hätte. So konnte sie keine Chance haben und unsere Beziehung auch nicht. Mich hätte es schon Interessiert, ob sie ein paar Tabletten einnahm, die dieselben waren, als bei Brigitte, ich war überzeugt, dass ich bestimmt ein paar der Psychopharmaka kannte.

Trotzdem war es besser so, dass es so gekommen war, dass ich mich von Sabine getrennt habe, wer weiß, was sonst noch auf mich zugekommen wäre. Vielleicht wäre ich dann nie zur Ruhe gekommen. Ich hätte, dass am Ende noch viel länger durchstehen müssen und das vielleicht noch mit weiteren handgreiflichen Aggressionen, so etwas, konnte ich nicht mehr ertragen.

Heute würde ich viel früher, wenn ich den Verdacht habe, dass meine Partnerin psychisch-krank wäre, nach Hinweisen wie Tabletten suchen, sie dann zur Rede stellen und nach einer Lösung suchen. Bei Sabine war es auf jeden Fall zu spät, den großen Fehler hatte ich am Anfang unserer Beziehung gemacht. Ich würde nie mehr zulassen, dass sie ihre Wohnung aufgibt. Das war mein größter Fehler, den ich machen konnte, so etwas dürfte nicht vorkommen.

Kapitel 51
Aggressionen

Der Anfang unserer Beziehung war echt vielversprechend und man konnte sich denken, dass könnte mit uns was werden. Aber wie es im Leben so ist, das war wohl nichts. Sie war nett, lieb und unternehmungslustig, sie konnte einem richtig vorspielen, was für eine gute Frau sie ist. Sie engagierte sich in der Wohnung und Garten, sodass ich kaum noch etwas zu tun hatte, sie hatte einen Nebenjob, es war ein Traum.

Was in ihr steckte, das konnte ich nicht ahnen, sie machte ein ganz raffiniertes Versteckspiel, nichts wies darauf hin, dass ein faules Ei in ihr steckte. Nach einer Zeit kam aber das Versteckte langsam zum Vorschein und ihre Aggressionen zeigten sich. Sie hatte sonderbare Ideen und begann ein ganz anderes Leben, sie war ein ganz anderer Mensch geworden, manchmal kannte ich sie überhaupt nicht mehr, sie war wie ausgewechselt. Immer länger blieb auf und schaute bis in der Frühe in die Klotze, spielte die meiste Zeit Moorhuhn auf dem Laptop, trank eine Flasche Rotwein nach der anderen. Sie nahm keine Rücksicht auf ihrem Partner.

 Sie führte plötzlich ihr eigenes Leben und das in meiner Wohnung, ich wollte sie zur Rede stellen, daraufhin schrie sie mich an, sie wurde zur Furie, die nicht mehr meine Partnerin war, die ich einmal kennengelernt hatte. Sie wurde manchmal sogar handgreiflich, sie zog die Hand nach mir aus, aber ich wollte nicht zurückschlagen, vielleicht wollte sie das und dann hatte ich schlechte Papiere, ich traute ihr zu, das sie direkt zur Polizei ging, ich war sehr geschockt, was aus ihr geworden war.

 Spätestens zu diesem Zeitpunkt hätte ich mich von ihr trennen müssen. Aber ich tat es nicht und stellte sie, wie so oft zur Rede und holte sie in ihr altes Leben zurück, sie wollte daraufhin eine Versöhnung, das sie am besten konnte, sie war dann wieder die Frau, die ich einmal kennengelernt hatte, aber es hielt nicht lange an, danach begann der Zirkus von neuem und meistens noch ausgeprägter, es wurde immer furchtbarer.

 Diese Frau war in diesem Zustand nicht mehr zu bändigen, sie war wie eine Furie, heute weiß ich, dass sich ihre bipolaren Störungen zeigten und sie waren nicht mehr zu stoppen, diese Frau war schwer krank. Ich konnte mit dieser Frau nicht mehr zusammen leben, es gab für uns keine Rettung.

 Schnell von ihr trennen, das wäre das richtige gewesen. Wäre Sabines Wohnung noch in ihrem Besitz gewesen, hätte ich sie einfach dorthin fahren können und ihre Krankheit ungehindert ausleben lassen und der Frieden wäre in meinem zu Hause eingekehrt. Ich konnte das nicht mehr ertragen, ich war zu sehr von der vorher geschehenen Geschichte ausgelaugt, ich wollte mich eigentlich wieder erholen und ein neues Leben aufbauen. Ich wollte das nicht noch einmal durchmachen, ich war selbst geschädigt und das bekam ich daraufhin schwer zu spüren, in Form eines Krankenhausaufenthaltes in einer Intensivstation, das hätte ich mir nie vorstellen können, dass so etwas vorkommt. Sabine hatte es mit ihren Aggressionen geschafft, mir den Rest zu geben.

Wenn ich das noch könnte, dann würde ich auf jeden Fall, die Beziehung niemals bis zum Ende durchführen, ich würde sie früher beenden, ich würde mich nicht mehr so oft versöhnen und hoffen, dass es einmal besser werden würde.

Kapitel 52

Brigittes Warnung

Ich hatte, obwohl es eigentlich nicht erlaubt war, doch öfters mit Brigitte telefoniert, meistens hatte sie mich angerufen, damit ihre Krankenschwestern das nicht bemerkten. Irgendwie hatte meine Frau eine Ahnung, dass mich Sabine geangelt haben könnte, ich war sehr erstaunt darüber, dass sie wusste, mit wem ich liiert war. Ich fragte mich: „Woher konnte sie das Wissen und woher wusste sie ihren Namen?" Ich war sehr geschockt darüber und dann viel mir alles wie Schuppen von den Augen, ich sah sofort wieder Sabines Bild im Raucherraum beim Café in ihrem hübschen Sommerkleid im Bezirkskrankenhaus und sofort hatte ich eine Ahnung, Sabine war keine Besucherin, sondern eine Patientin und dann dachte ich mir: „Das kann doch nicht wahr sein, das kann doch nur mir passieren, was war ich für ein Trottel?"

Brigitte erzählte mir alles: „Als sie mit Sabine zuletzt im Bezirkskrankenhaus in einer Abteilung waren, sie saßen sehr oft im Raucherraum zusammen und sie erzählte Sabine alles über mich." Angeblich kannte mich Sabine schon früher von einer anderen Abteilung, da war sie mir nicht aufgefallen. Sie erzählte ihr, dass ich mich scheiden ließ, wo ich wohnte, wo ich einkaufen ging und mein Bier holte, wo ich mit meinem Hund lief, jede Einzelheit. Ich konnte nicht glauben, was ich da zu hören bekam, Brigitte tat es sehr leid, das ich deswegen ausgerechnet mit Sabine zusammen kam.

Jetzt war mir klar, warum Sabine ausgerechnet in dem Café saß, als ich mein Sixpack holte, um meine Trennung von Brigitte zu feiern. Sie wusste, wo ich mein Bier meistens holte und zu welchem Zeitpunkt, sie wusste mehr von mir, als mir lieb wahr. So wusste sie genau, wie sie mich um den Finger wickeln konnte, wahrscheinlich wusste sie noch, welche Vorlieben ich hatte, welche Angewohnheiten, dass ich einen Hund hatte und wann ich mit ihm Gassi ging und wo. So wusste Sabine alles von mir und ich wusste nichts von ihr, rein gar nichts. Vielleicht wusste sie sogar, was ich im Bett wollte. Das war sehr gemein, ich hatte also keine Chance, ich wurde total überrumpelt.

Ich gebe Brigitte keine Schuld dafür, sie konnte das nicht ahnen, dass diese raffinierte Hexe, so nenne ich sie, dass sie das so hinterhältig ausnützen würde. Wenn dann gebe ich mir die Schuld, ich hätte mich schon im Bezirkskrankenhaus nicht auf sie einlassen dürfen oder war das schon in ihrem Plan? Ich weiß es nicht, aber könnte sehr wahrscheinlich sein. Weil Brigitte wusste, dass ich bevor nach Hause fahre, noch eine Zigarette rauche und einen Kaffee trank. Warum wollte sie ausgerechnet mich?

Ich versprach Brigitte, dass ich mich schnell von Sabine trennen würde, aber es gelang mir einfach nicht, ich zog alles zu lange hinaus. Ich ließ mich mit ihr immer auf ein neues Abenteuer ein. Heute würde ich, das auf keinen Fall mehr machen, ich würde das nicht mehr zulassen und mich schnellstens von ihr trennen. Ich würde nicht mehr so lange warten, bis es zum Letzten kam.

Kapitel 53
Ich hätte es spüren müssen

Ich hätte es von Anfang an, spüren müssen, dass Sabine nicht normal war, mein Vater bemerkte es sofort, dass in Brigitte etwas war, er wusste, das mit ihr etwas nicht stimmte, er hätte mir bestimmt das Gleiche bei Sabine gesagt. Mein Vater hatte das gewisse Gespür, so etwas zu bemerken. Warum habe ich diese Feinfühligkeit nicht, das hätte mich vor dieser Frau warnen und meine Nerven schonen können.

Ich hätte es schon an ihrer hyperaktiven Art bemerken müssen, weil sie mich schon so schnell in Besitz nahm, es gab bestimmt genügend Anzeichen, die ich in meiner Euphorie übersehen habe, ich sah nur das Äußere und nicht auf ihr Wesen und was sie ausstrahlte. Warum habe ich nicht darauf geachtet, dann wäre mir sehr wahrscheinlich dieser Ärger erspart geblieben. Aber man muss nach wie vor dagegen halten, sie war mir eines voraus, sie wusste alles von mir, so konnte sie alles gut überspielen, so wusste sie, wie sie mich blind machen konnte, sie spielte alles aus, was sie hatte und was sie wusste.

Mich hätte schon das erste Treffen im Bezirkskrankenhaus vorsichtiger machen müssen. Ich hasse dieses Krankenhaus und lache mir dort eine Frau an, das durfte es nicht geben. Das war mein größter Fehler und danach machte ich noch eine ganze Reihe von weiteren Fehlern. Ich hätte schon stutzig werden müssen, dass ihre Kinder in Leipzig wohnten, dass sie hier in meiner Stadt ganz alleine wohnte, sie hatte kaum Freunde und Freundinnen. Später fiel mir auf, dass sie doch ein paar Freundinnen kannte und die lernte sie natürlich im Bezirkskrankenhaus kennen, natürlich besuchte sie die nur, wenn ich in der Arbeit war und nichts bemerken konnte.

An ihrer Art wie sie sich gab, da hätte mir einiges auffallen müssen, sie engagierte sich zu sehr, sie wollte alles machen und das zu gut. Sie setzte sich für meine Scheidung ein und versuchte mit allen Mitteln alles für mich zu regeln. Vom ersten Tag an, als wir uns kennengelernt haben, wollte sie alles in die Hand nehmen, in mir hätten eigentlich sämtliche Alarmglocken läuten müssen, aber Sabine konnte sie gut ausschalten, sie hatte ein leichtes Spiel.

Heute würde das nicht mehr vorkommen, ich würde keine Frau mehr im Bezirkskrankenhaus anlachen, mich auf etwas einlassen und mir einreden lassen, sie wäre eine Besucherin, ich würde schnell das Weite suchen, soweit die Füße tragen, sodass ich sie nie mehr sehen würde. Ich frage mich heute noch: „Warum ich ihr das geglaubt hatte?" Ich weiß eigentlich, wie sich die Patienten in diesem Krankenhaus verhalten, ich wusste, dass ich keinem etwas glauben konnte, aber ich hatte es getan, warum?

Kapitel 54

Schnelle Trennung

Wie konnte ich mich auf die Frau einlassen und habe sie dazu bei mir einziehen lassen, was für ein grausamer Fehler, der nicht mehr gut zu machen war. Dazu kam, das sie schnell ihre Wohnung aufgab und später ihr Auto verkaufte, das hätte ich auf keinen Fall zulassen dürfen, denn so konnte sie nicht mehr in ihr Heim zurück, somit gab ich ein Stück meiner Freiheit auf, ich konnte nicht mehr flexibel reagieren, so etwas müsste mir zu denken geben.

So wie ich jetzt denke, hatte ich damals einen Fehler nach dem Anderen gemacht. Nach dem ihr Alkoholgenuss immer mehr wurde, hätte ich schon reagieren müssen. Ich hätte sie zur Rede stellen müssen und sie mit einem Auszug aus meiner Wohnung konfrontieren müssen. Sie vor vollendete Tatsachen stellen und nicht mehr lange diskutieren. Warum habe ich nicht schon in dieser Situation gehandelt? Heute würde ich wesentlich schneller reagieren.

Dann die aufregenden Nächte mit Wein, Spielen und in die Flimmerkiste klotzen, das würde es nicht mehr geben. Soweit würde ich es auf keinem Fall mehr kommen lassen, heute würde ich vorher die Reißleine ziehen. Ich würde keine Aggressionen und Beschimpfungen zulassen und vor allem keine Handgreiflichkeiten. Sie könnte nicht noch einmal die Hand nach mir ausstrecken. Es würde keine Versöhnungen mehr geben, weil ich weiß, dass dies keinen Sinn mehr machen würde, denn es würde schnell alles wieder beim Alten sein. Wenn nicht noch schlimmer, denn sie wusste, dass sie mich um den Finger wickeln konnte und das es weiter gehen würde, sie wusste, sie konnte alles tun, sie brauchte sich dann nur wieder versöhnen, dann war alles wieder gut. Heute wäre ich hart und würde ihr keine Möglichkeit mehr dazu geben.

Ich würde keine Versöhnungsfahrten mehr machen, es würde keinen Wohnwagen mehr geben und würde meinen 50. Geburtstag alleine Feiern, nach Kenia fliegen und dort keinen Stress mehr haben, alles würde ich nicht mehr zulassen. Wahrscheinlich würde ich dann auch die Familie in Hannover nicht mehr kennenlernen und es würde auch keine zweite Fahrt nach Leipzig geben, sie müsste dann alleine fahren, dass was sie dann bestimmt nicht getan hätte. Ich würde alles ganz anders machen.

Schon nach den Warnungen von Brigitte hätte ich reagieren müssen und nach ihren Eskapaden hinausschmeißen sollen, besser gesagt in ihre Wohnung zurückbringen, die sie behalten müsste, das wäre richtig gewesen. Ich würde ihr hyperaktiven Handlungen und ihre Aggressionen nicht mehr dulden, es wäre viel früher aus, besser gesagt: „Es würde überhaupt keine Sabine in meinem Leben mehr geben." Wenn ich könnte, ich würde diese Zeit am liebsten aus meinem Leben streichen, das wäre schön, ich könnte sie komplett aus meinem Gedanken streichen, dann würde ich mich wesentlich wohler fühlen, aber es gibt im Leben eben kein Wunschkonzert, das man alles einfach löschen kann, was man nicht mehr haben will.

Kapitel 55
Das Ende, die letzte Schlacht

Das schlimmste Erlebnis, dass ich mit Sabine hatte, waren die letzten Tage in unserer Beziehung. Ihre Aggressionen und ihr Alkohol-Konsum steigerten sich bis ins unermessliche, sie fand kein Ende. Es war eine seelische und körperliche Grausamkeit, die nie aufzuhören schien.

Ich hatte in dieser Zeit gerade eine längere Zeit Nachtschicht, ich musste natürlich bis in der Frühe arbeiten. Sabine spielte unaufhörlich und sie trank in den Nächten mehrere Flaschen Wein. Meistens lag sie in der Frühe total betrunken ihm Bett und schlief ihren Rausch aus. Ich konnte mich an diesen Anblick und Geruch nie daran gewöhnen.

Ich blickte meistens, als ich von der Nachtschicht kam ins Schlafzimmer, dass wie ein offenes Weinfass stank, schloss die Tür und setzte mich an den Computer, trank selbst noch ein Bier, um von der langen Nachtarbeit herunterzukommen und ging anschließend ins Bett. Meistens stand ich dann sogar noch früher auf, als Sabine, sie kam überhaupt nicht mehr in die Gänge, total verkatert und schlecht gelaunt, stand sie auf, in diesen Situationen war sie wahrlich keine Schönheit. Ich möchte behaupten sie war schwer krank und sie war dabei, mich auch fertig zu machen. Spätestens da sollte ich die Reißleine ziehen und mich von ihr trennen, dann hätte ich noch das Schlimmste verhindern können, aber ich Idiot machte immer weiter mit ihr. Es hätte mir einleuchten müssen, dass es mit ihr nichts mehr werden konnte, dass ich mit ihr nie mehr alt werden konnte, dass es nur eine Frage der Zeit war, bis die Zeitbombe platzte und diese Uhr war abgelaufen. Wir waren am Ende.

Ich hätte sie packen, in den Wohnwagen verfrachten und ihr eine Wohnung suchen müssen, danach sollte ich meine Ruhe haben. Auf dem Campingplatz könnte sie saufen und spielen, so lange bis der Hahn kräht und ich wäre sie los gewesen. Aber so musste ich mir ihre Beleidigungen und Beschimpfungen jeden Tag anhören. Ich machte Fehler bis zum bitteren Ende und das hätte nie sein müssen. Aber wer nicht hören will, der muss fühlen und büßen und das in vollen Zügen.

Bald darauf war es soweit und ich kam von der Nachtschicht nach Hause. Ich öffnete Ahnungslos die Türe und Sabine stand total betrunken vor mir, mit einer leeren Rotweinflasche in der Hand, sie fragte noch, wo ich herkomme, ob ich die ganze Nacht bei einer anderen Schlampe war, ob ich nicht warten könne, bis sie aus meiner Wohnung ausgezogen war und schlug mit der Flasche sofort zu. Sie wollte sie mir voll über den Schädel ziehen, aber ich konnte noch reagieren, sie streifte mich nur, das war schmerzhaft genug und sie schlug sie mir noch an die Kniescheibe, damit habe ich leider nicht gerechnet, das waren brutale Schmerzen. Daraufhin fing sie dann mit den schlimmsten Beschimpfungen und Beleidigungen an. Sie randalierte, sie fing an Sachen auf mich zu werfen und schmiss ein Fenster dabei ein, sie räumte meinen Kleiderschrank aus und beförderte alles in den Garten. Das war die furchtbarste Nacht mit Sabine und ich glaubte in diesem Moment, das wird nie ein Ende haben.

Erst nach dieser Nacht machte ich der Sache ein Ende und ging zur Polizei, machte eine Anzeige, suchte für sie schnell eine Wohnung und verfrachtete sie schnell dorthin.

Mir wäre viel Ärger erspart geblieben, wenn ich so gehandelt hätte, wie ich es heute machen würde. Dann wäre eine Sabine nie in meinem Leben eingedrungen, sie hätte nie meinen Traum zerstören können und ich wäre sehr wahrscheinlich nie krank geworden, es wäre dann bestimmt alles anders abgelaufen, aber so wie das Leben ist, es hat sehr wahrscheinlich so kommen müssen.

Kapitel 56

Die Gerichtsverhandlung

Das war eine eigenartige Geschichte, die ich erlebt habe, ich hatte damals geglaubt, das ich im Gerichtsgebäude Sabine das letzte Mal sehen würde, aber es war nicht so, sie hat den Termin nicht wahrgenommen. Der Richter, der Staatsanwalt und ich warteten eine gute halbe Stunde, aber Sabine war nicht gekommen, sie ließ den Termin einfach verstreichen. So war Sabine einfach, sie machte alles, so wie sie es mochte. Wahrscheinlich meinte sie, sie braucht hier nicht unbedingt erscheinen.

Aber es könnte sein, dass sie ins Bezirkskrankenhaus musste und keine Möglichkeit hatte, der Gerichtsverhandlung beizuwohnen. Eine andere Variante wäre, das sie von der Polizei geholt und ins BKH gebracht wurde und in einer geschlossenen Station untergebracht war. Aber für mich war es genauso denkbar, dass sie noch im Bett lag und ihren Rausch ausschlief. Alles was ich hier aufgezählt habe, wäre für Sabine denkbar gewesen, sie ließ in dieser Hinsicht nichts aus.

Der Richter war ein sehr freundlicher Mann und ich konnte mich sehr gut mit ihm unterhalten, er sagte mir nicht mehr, als er durfte, aber eines konnte er mir mit Sicherheit beantworten, da Sabine nicht erschienen und keine Entschuldigung vorhanden war, dass sie mit Sicherheit die Höchststrafe bekommen würde. Ich dachte mir daraufhin, wenn sie im Bezirkskrankenhaus wäre, hätte sie einen Sozialarbeiter zugewiesen bekommen und er hätte sich darum gekümmert, dass heute eine Entschuldigung vorhanden wäre.

Ich hatte sie damals, wegen Sachbeschädigung und Körperverletzung angezeigt und ich wollte genau wissen, was für eine Strafe sie erhalten würde. Aber darüber bekam ich von dem netten Richter keine Auskunft, er sagte nur lächelnd zu mir, ich kann ihnen nur versprechen, dass sie mit Sicherheit die Höchststrafe bekommen würde und er müsse es mit einem vorhergehenden Fall abgleichen, er kann es so nicht genau sagen. Ich wusste schon vorher von der Polizei, dass Sabine in dieser Richtung schon etwas angestellt hatte, sie war bei der Polizei kein unbeschriebenes Blatt.

Was habe ich mir da angelacht, das hätte wirklich nicht sein müssen, das ich wegen ihr noch zur Polizei fahre, eine Anzeige schreiben lasse und auf das Gericht gehen musste, das hätte ich mir nie gedacht, als ich Sabine kennengelernt habe. Hätte ich damals genauer hingeschaut und besser überlegt, wäre das nie zustande gekommen, ich hätte mir viel Ärger ersparen können und nicht auf das Äußere schauen dürfen, sondern auf das Innere der Frau. Jetzt konnte ich die letzten Scherben von Sabine zusammenkehren.

Kapitel 57
Das gesamte Bild von Sabine

Die ersten Monate die ich mit ihr verbrachte, waren vollkommen in Ordnung, ich konnte in dieser Hinsicht nichts nachteiliges von ihr berichten, das wäre nicht in Ordnung. Sie hatte sich in allem bemüht und war lieb und nett. Nur, dass sie nicht ehrlich zu mir war und ihre Krankheit verschwiegen hatte, das fand ich im Nachhinein nicht okay. Das hätte sie nicht machen dürfen, das war ein Vertrauensbruch. Sie wünschte sich einen Partner für das ganze Leben, dann wäre eine Grundvoraussetzung, dass man sich alles sagt und ehrlich zueinander ist.

Später kam doch einiges ans Tageslicht, als es zu spät war. Brigitte hatte mich damals noch vor ihr gewarnt. Aber nichts half, ich brachte Sabine nicht mehr los, besser gesagt ich kam von der kranken Person nicht mehr los. Obwohl ich oft Tagelang grübelte, ich fand keine Lösung, mich von ihr zu trennen.

Brigitte war mit ihren psychischen Attacken noch harmlos, gegen diese bösen manischen Aktionen von Sabine, immer wieder hatte sie sich etwas Neues ausgedacht, keine Minute konnte man sicher fühlen. Sie konnte sich von einer Minute auf die andere um hundertachtzig Grad drehen. Von Gut auf Böse konnte nur eine Sekunde sein. Was wir vor 5 Minuten besprochen hatten, konnte schon wieder alter Schnee von gestern sein. Sie drehte sich im Wind, so wie sie es brauchte, sie kannte keine konstante Richtung und dazu war sie später sehr egoistisch, nur was sie sagte, war okay.

Ich hätte mir nie vorstellen können, dass Sabine mich mit einer leeren Weinflasche schlagen und Gegenstände nach mir werfen würde. Die Wohnung verwüstet und wie eine Furie wegen nichts und wieder nichts abgeht, nur weil ich in der Nachtschicht gearbeitet habe. Sie hätte mich unter Umständen mit einem Schlag der Weinflasche töten oder sehr schwer verletzen können. Sabine war zu diesem Zeitpunkt nicht mehr sie selbst, eben sie war bipolar, manisch-depressiv und schizophren erkrankt. Das hätte ich schon viel früher erkennen müssen und sofort die Reißleine ziehen, nicht lange darüber nachdenken und hinaus mit ihr.

Sabine sollte mir nie solange auf die Nerven gehen können. Sie hätte schon längst in einer anderen Wohnung sein müssen oder vor allem würde ich es heute nie zulassen, dass sie ihre Wohnung aufgibt, schnell würde ich sie dort hinbringen und sehr wahrscheinlich wäre sie nie mehr zu mir zurückgekommen.

Das Nächste wäre, heute würde ich mir nie mehr eine Frau im Bezirkskrankenhaus anlachen, auch wenn sie noch so beteuert, dass sie nur eine Besucherin wäre, vor allem würde ich heute nie mehr das Haus betreten, wenn es nicht unbedingt sein müsste. Trotzdem würde mich heute noch eins interessieren, warum ist sie so schnell von Leipzig abgehauen und hatte ihre Kinder zurückgelassen, genau was damals ihren Cousin und seine Frau interessiert hat? Das werde ich wohl nie erfahren?

Es könnte heute nie mehr eine Sabine in mein Leben eintreten, denn ich würde heute nicht mehr zu handeln, da bin ich mir absolut sicher, diesen nervigen Umtrieb würde es nicht mehr geben. Ich würde nicht mehr solange zuschauen, da bin ich mir ganz sicher!

Kapitel 58
Die Streitigkeiten mit meinen Verwandten

Ich muss leider zugeben, dass meine Familie in dieser Zeit in der ich dringend Hilfe benötigte, in keiner Situation half. Ich hätte oft eine Unterstützung gebraucht, aber im Gegenteil, sie erwarteten von mir Hilfe oder richtig ausgedrückt gefordert. So hatte ich jeden Abend Streit mit meinen Angehörigen, statt Hilfe.

Es war sehr nervig, jeden Abend die Streitereien. Ein paar Jahre, nach dem mein Vater gestorben war, lernte meine Mutter einen sehr netten Mann kennen. Ich und der Mann kamen sehr gut miteinander aus, aber meine Tante und mein Onkel, wollten diesen Mann nicht und so beauftragten sie mich, ich solle meine Mutter dazu bringen, dass dieser Mann aus unserer Familie für immer verschwindet, sie solle sich von ihm sofort trennen. Ich wollte aber selbst nicht, dass sich meine Mutter von ihm trennte und das ging mich auch nichts an.

Darum musste ich mich mit Tante und Onkel streiten, jeden Abend ging das gleiche Affentheater los, zuerst rief meine Tante an und kurze Zeit später musste ich mit meiner Mutter telefonieren, ich konnte kein Telefon mehr sehen noch hören. Wenn das Telefon klingelte, bekam ich Schweißausbrüche, dann musste ich mir Beschimpfungen anhören, weil ich es nicht fertiggebracht hatte, den Mann zum Teufel zu schicken, kurz danach fragte meine Mutter, was meine Tante gesagt hatte und sagte mir, was ich meiner Tante zu sagen hätte. Ich sagte ihnen, dass müssten sie am besten untereinander ausmachen, ich könnte und wollte in dieser Angelegenheit nichts machen. Aber Tante und Onkel ließen mir keine Ruhe und behaupteten, das gehe nur mich etwas an, ich müsse das in Ordnung bringen. Es war Telefonterror, der mich fertig machte. Ich sagte ihnen, dass ich genügend Probleme hätte, meine psychisch-kranke Frau, später die Scheidung, aber es interessierte Keinem, im Gegenteil, sie drohten sogar mit Enterbung, Kontaktverbot und weiteren Drohungen. Die mich aber kalt ließen, ich wollte eigentlich nur meine Ruhe, damit ich mich auf das Wesentliche konzentrieren konnte.

Heute würde ich mir das nicht mehr solange anhören. Ich würde öfters den Hörer auflegen und wenn sie drohen würden mit Kontaktverbot, dann würde ich sagen, genau, das ist das Richtige, jetzt habt ihr das ausgesprochen, was mir guttut. Ich würde auf jedem Fall, den Kontakt mit ihnen viel Früher abbrechen. Heute habe ich aus diesem Grund keinen Kontakt zu meiner Tante. Nachdem ich geschieden war und ich mich von Sabine getrennt habe und eine kurze Freundschaft mit einer weiteren Freundin hatte, lernte ich danach meine Frau kennen, die ich dann geheiratet habe. Meine Tante wollte mir die Frau verbieten: „Denn so habe ich für sie keine Zeit mehr, ich muss für sie alleine da sein, ich muss zu jeder Zeit helfen können, wenn ich eine Frau habe, dann kann ich nicht sofort da sein." Daraufhin wusste ich, warum meine Mutter keinen Mann haben sollte.

Ich habe deswegen den Kontakt mit meiner Tante abgebrochen, aber wieder alles zu spät, hatte ich nichts im Leben gelernt. Erst nach dem ich ins Krankenhaus musste, als ich am Boden zerstört und mit den Nerven fertig war: „Dass ich erkenne, dass ich mal an mich denken muss und den Anderen so und so nichts recht machen kann."

Selbst als ich im Krankenhaus war, die Personen, die mich jeden Tag bekriegten, ließen sich nicht sehen, selbst da, war ich auf mich alleine gestellt. Aber auf einer Seite war es gut, ich hatte endlich meine Ruhe, so konnte ich über mein Leben nachdenken: „Was habe ich verkehrt gemacht, was habe ich gut gemacht, wie soll mein zukünftiges Leben aussehen." Danach wusste ich, was ich zu tun habe und was ich bis heute falsch gemacht habe. Ab diesem Zeitpunkt begann ich ein neues Leben und ich ging es ganz langsam an.

Ich würde heute nicht mehr so viele Telefonate führen und keine Streitereien, die mich eigentlich nichts angingen führen, ich würde viel früher den Kontakt, mit Tante und Onkel abbrechen und ihnen verbieten, dass sie mich am Abend nicht weiter belästigen. Ich würde ihnen klipp und klar sagen: „Wenn dann müssten sie das selbst, mit meiner Mutter klären und mich in Zukunft mit dieser Angelegenheit in Ruhe lassen, denn ich habe selbst einiges zu klären und habe für solche Dinge keine Zeit." Meiner Mutter würde ich es genauso sagen, dass sie endlich ihrer Schwester auch mal die Meinung sagen müsste und mich nicht mit dieser dummen Angelegenheit alleine lassen, dass es nicht so weitergehen könnte. Wenn das nicht helfen würde, dann würde ich den Kontakt total abbrechen und mich auf meine eigenen Probleme konzentrieren und versuchen, dass ich endlich zur Ruhe kommen würde. So wäre es am besten gewesen. Vielleicht wäre dann vieles anders abgelaufen und einige Probleme wären nicht entstanden? Sie haben bis heute noch nicht kapiert, was sie mir in dieser Zeit angetan haben

Kapitel 59
Eine gute Freundin

Nachdem ich mich von Sabine getrennt hatte, lernte ich eine gute Freundin kennen, besser gesagt, ich kannte sie schon sehr lange, sie besaß auch zwei Hunde, wir sind öfters mit den Hunden zusammen gelaufen. Aber so kamen wir uns ein bisschen näher und versuchten die Freundschaft ein weniger zu vertiefen.

Sie war sehr nett und zuvorkommend, wir machten einige Ausflüge und einen kurzen Urlaub zusammen, aber wir waren einfach zu verschieden, wir kamen einfach nicht zusammen. Wir schafften es nicht, dass wir zu einer richtigen Beziehung kamen. Wir haben es nie bereut, dass wir es wenigstens versucht haben. So blieben wir bei einer Freundschaft und sehen uns heute noch öfters beim Gassi gehen und unterhalten uns meistens über die Hunde.

Sie hat mir damals das Leben gerettet, dafür bin ich ihr heute noch dankbar. Sie rief den Notruf und sorgte dafür, dass ich am Leben bleibe und hat mir geholfen, dass ich wieder zu Kräften komme.

Es war eine kurze Episode, aber für mein Leben ein ganz wichtiger Abschnitt. Aber auch sie hatte die Streitigkeiten von meinen Verwandten bemerkt und gespürt, dass ich von den Ereignissen der letzten Jahre sehr angeschlagen war. Aber sie konnte es leider nicht mehr verhindern, dass ich auf der Intensivstation gelandet war, aber im Nachhinein, sorgte sie dafür, dass die Telefonanrufe sich wenigstens reduzierten.

In dieser Sache kann ich nichts nachteiliges Berichten, nur, dass wir absolut nicht zusammen passten, wir fanden es aber nicht so tragisch.

Kapitel 60
Die Reha

Ich war damals sehr neugierig auf die Reha, ich war noch nie in einer solchen Anstalt, ich wusste überhaupt nicht, wie es da zugeht, was da alles für mich getan würde. Aber ich hatte die richtige Idee, dass ich doch mit dem Auto fuhr, denn die Anstalt lag sehr abgelegen, so konnte ich doch etwas am Wochenende unternehmen.

Nur meine Streithähne waren nicht so erfreut darüber, dass ich einige Wochen nicht da war, denn so konnten sie mich nicht kontaktieren, ich war nicht erreichbar für ihre Beschimpfungen, mich freute das am meisten, denn da hatte ich endlich meine Ruhe und konnte das machen, was ich schon lange wollte, endlich richtig abschalten.

Es dauerte nicht lange und ich hatte ein paar nette Leute kennengelernt, mit denen ich öfters den Abend und das Wochenende verbrachte. Es wurden einige Kurse und Wanderungen angeboten, die ich mitmachte und so wurde später ein Raucherentwöhnungskurs angeboten, den wollte ich unbedingt mitmachen, ich dachte, das wäre eine gute Chance, endlich aufzuhören. In diesem Kurs lernte ich meine Frau fürs Leben kennen, sie rauchte auch und versuchte aufzuhören. Ich schaffte es einige Wochen aufzuhören, aber dann bekam die Sucht doch wieder die Oberhand, heute rauchen wir immer noch. So war es eine sehr schöne Zeit und dazu hatte ich endlich mein Glück gefunden. Wir verbrachten dann jede freie Minute nach den Anwendungen und die gesamte Freizeit zusammen.

Als für mich die Reha vorbei war, hatte meine Freundin noch ein paar Tage, so fuhr ich nach Hause, ich buchte noch ein paar Tage in der Anstalt ein Zimmer und kam wieder zurück und wir verbrachten dort noch ein paar schöne Tage, bis wir das Reha Zentrum verlassen mussten. Daraufhin fuhr ich jedes Wochenende zu ihr, bis sie dann nach einer längeren Zeit bei mir einzog und dann nach ein paar Jahren heirateten. Es war die wichtigste und schönste Zeit, nach der langen schweren Zeit, die ich erlebt habe. Ich konnte wieder zuversichtlich in die Zukunft blicken und meinen Traum ausleben!

Kapitel 61

Das neue Leben

Nachdem ich eine Frau fürs Leben kennengelernt hatte, war meine Tante wieder total aufgebracht, sie hatte ein neues Ziel entdeckt, auf das sie sich einschießen konnte und ihr ein Dorn im Auge war. Aber meine Tante hatte nicht damit gerechnet, dass ich hart blieb und an meiner Liebe festhielt, denn ich hatte nicht nur eine liebe Frau gefunden, sondern eine große, nette Familie kennengelernt. Genau das wollte sie nicht, denn so könnte ich mehr Zeit bei dieser Familie verbringen, als mit ihr.

Meine Frau hatte schnell herausgefunden, wie meine Tante tickt und dann kurz nach unserer Hochzeit kam eines Tages ein Anruf von ihr. Sie wollte meine Frau, mich und ihre ganze Familie beschimpfen. Weil wir angeblich zu wenig Zeit für sie hatten. Das war dann der aller letzte Anruf von ihr, wir hatten endgültig die Reißleine gezogen und den Kontakt endgültig abgebrochen. Wir haben das getan, was ich schon viel früher hätte tun sollen. Plötzlich war in unserem zu Hause Frieden eingekehrt.

Ich frage mich heute noch, warum ich so lange damit gewartet hatte. Brauchte ich jemanden der hinter mir stand und mir eine gewisse Sicherheit gab. Oder war es, das, weil sie einfach mit ihren Beschimpfungen zu weit gegangen war. Denn sie fühlte sich sehr wahrscheinlich stark, sie glaubte, sie kann alles machen und über die ganze Familie bestimmen, das war in diesem Fall ein Tick zufiel.

Heute kann ich mit einem Auge auf die Rente blicken, meiner Arbeit nach gehen und habe dazu noch die Zeit ein paar Zeilen zu schreiben. Meine Frau ist Gold wert, so habe ich endlich die Zeit, die ich früher nie hatte. Ich fühle mich besser und habe für Sachen Zeit, die ich früher nie machen konnte. Das verdanke ich meiner Lebensgefährtin und ich denke, dass wir gut in die Zukunft blicken können.

Ich denke, auch meine Ex-Frau kann ohne große Sorge in die Zukunft schauen, denn es geht ihr, da wo sie ist, viel besser. Sie hatte selbst zu mir gesagt, dass dies ein Glücksgriff war, dass sie dort hingekommen war. Vielleicht hatte der gute Arzt damals doch die richtige Meinung gehabt. Dass sie sehr weit weg müsste, damit die Ärzte sie richtig behandeln könnten.

Was aus Sabine geworden ist, ist mir ehrlich gesagt, total egal. Ich weiß auch von ihr nichts mehr, ich weiß nicht was sie tut und wo sie lebt oder wen sie jetzt über den Tisch gezogen hat. Vorstellbar wäre, dass sie in ihre alte Heimat zurückgegangen ist? Ich denke, dass sie mit Sicherheit von hier weggegangen ist, dass sie wieder eine Flucht, vor ihrer Vergangenheit gemacht hat, so wie sie es immer getan hat? Aber wie gesagt, das ist mir scheiß egal.

Das Schlusswort:

Ich denke, dass vielen psychisch-kranken Menschen eventuell geholfen werden könnte, wenn sie weit weg von ihrem Umfeld behandelt werden, damit sie kein Verwandter oder Freund besuchen kann. Das setzt auch voraus, das dies ein gutes Krankenhaus ist, das diese Leute einen sehr guten Psychologen, Psychiater und Ärzte haben müssen. Dass, die richtigen Therapien verschrieben werden. Das gesamte Paket muss gut abgestimmt sein, dass die Ärzte nicht nur ein paar Medikamente zur Verfügung haben, sondern verabreichen können, was sie für richtig halten und dafür ein goldenes Händchen haben. Es spielen sehr viele Faktoren eine große Rolle, damit es dem Patienten und dem dazugehörenden Partner besser geht. Geht es dem Patienten verhältnismäßig gut, dann geht es dem Angehörigen auch viel besser. Die Psychiater haben oft kein gutes Händchen für die Angehörigen und muten diesem zu viel zu. Dass, dies der Patient bemerkt, daran denken sie oft nicht, somit geht es einem Patienten auch schlecht und zieht ihn wieder hinunter, das ist ein ewiger Kreislauf, darum müssten oft die Patienten sehr weit weg vom ewigen Alltag.

Weg von den gestressten Angehörigen und Verwandten. Ich muss mich selbst bei der Nase nehmen, ich hatte öfters einen 10 Stunden Arbeitstag, ich möchte den sehen, der da noch frisch und fröhlich zu seiner geliebten Frau ins Krankenhaus geht, natürlich erzählen sie nicht, was sie für einen Stress hatten, aber die Patienten wissen, wann ihr Partner normal Feierabend gehabt hätte und sie sehen, dass sie müde sind und ihre Frau will trotzdem ihren Ausgang haben. Daraufhin fahren sie nach Hause und der Angehörige bereitet das Abendessen, obwohl er müde ist. Das spürt ihre Frau trotzdem, obwohl er verheimlichen will das er gestresst ist. Genau das ist meine Meinung, der Patient sagt sich, mein Partner hat jetzt wegen mir so viel Arbeit, obwohl er sich jetzt hinsetzen müsste. Er hat jetzt wegen mir keinen Feierabend und das zieht die Patientin hinunter. Viele sagen vielleicht jetzt, das lasse ich mir nicht anmerken. Ich habe oft die Feinfühligkeit einer psychisch-kranken Frau unterschätzt, die spüren alles, wenn irgendetwas nicht so ist, wie sie das gewöhnt sind. Aber ich will mich trotzdem in diesem Gebiet nicht zu sehr aus dem Fenster lehnen, meine ehrliche Meinung ist: „Dass, es vielleicht doch vielen bipolar Kranken helfen würde, wenn sie mal für eine längere Zeit ganz alleine für sich behandelt würde und dann damit gründlich, ich denke, das auch gerade da, eine Psychotherapie viel besser durchzuführen wäre." Meine Ex-Frau hatte dies alles durchgemacht und das mit großem Erfolg, weit weg vom Schuss. Das Bezirkskrankenhaus in unserer Stadt hatte diesen Erfolg in 11 Jahren Behandlung nicht zustande gebracht. Ich denke, das wird jetzt einigen Leuten zum Denken geben und genau das soll es?